WHISKY
IN 30 SEKUNDEN

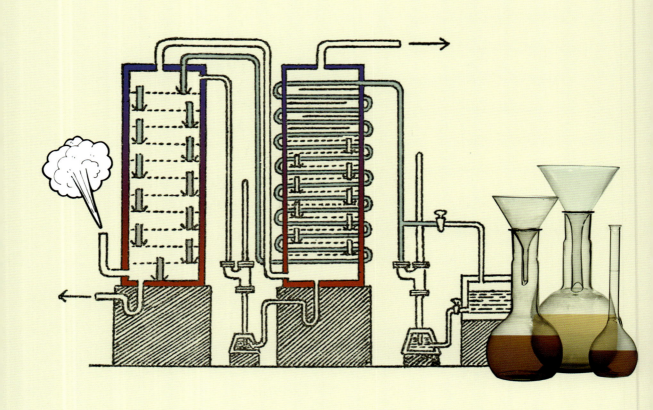

WHISKY IN 30 SEKUNDEN

Die wichtigsten Daten und Fakten für Whiskyliebhaber

Herausgegeben von
Charles MacLean

Vowort
Ian Buxton

Mit Beiträgen von
**Davin de Kergommeaux
Alwynne Gwilt
Charles MacLean
Angus MacRaild
Marcin Miller
Arthur Motley
Martine Nouet
Fionnán O'Connor
Hans Offringa
Andy Simpson
Gavin D. Smith**

Illustrationen
Nicky Ackland-Snow

Librero

Titel der Originalausgabe
»30-Second Whisky«

© 2017 Librero IBP
(für die deutsche Ausgabe)
Postbus 72,
5330 AB Kerkdriel
Niederlande

© 2017 Ivy Press Limited

Verleger **Susan Kelly**
Künstlerische Leitung **Michael Whitehead**
Redaktionsleitung **Tom Kitch**
Art Director **Wayne Blades**
Redaktion **Stephanie Evans**
Projektbetreuung **Fleur Jones**
Gestaltung **Ginny Zeal**
Bildrecherche **Katie Greenwood**

Aus dem Englischen von **Stefan Hirzel**
Lektorat & Satz: G&R Vilnius, Litauen

Gedruckt und gebunden in China

ISBN 978-90-8998-880-5

Alle Rechte vorbehalten. Kein Teil dieses Werkes darf in irgendeiner Form (durch Fotografie, Mikrofilm oder ein anderes Verfahren) ohne schriftliche Genehmigung des Verlags reproduziert oder unter Verwendung elektronischer Systeme verarbeitet, vervielfältigt oder verbreitet werden.

Inhalt

6	Vorwort
8	Einführung
12	**Begriffe**
14	GLOSSAR
16	Was ist Whisky?
18	Scotch oder nicht?
20	Alkoholgehalt
22	Porträt: Die Alchemisten
24	Die Entdeckung des Whiskys
26	**Geschichte**
28	GLOSSAR
30	Die Geschichte des Scotch
32	Schmuggel
34	Irish Whiskey
36	American Whiskey
38	Porträt: Bill Samuels
40	Prohibition
42	Canadian Whisky
44	Japanischer Whisky
46	**Herstellung**
48	GLOSSAR
50	Rohstoffe
52	Mälzen
54	Maischen
56	Gärung
58	Pot-Still-Destillieren
60	Kontinuierliches Destillieren
62	Reifung
64	Porträt: Richard Paterson
66	Blending
68	**Regionale Unterschiede**
70	GLOSSAR
72	Terroir
74	North Highlands
76	West Highlands
78	East Highlands
80	Central Highlands
82	Lowlands
84	Porträt: William Grant
86	Speyside
88	Islay
90	Andere Inseln
92	**Nationale Unterschiede**
94	GLOSSAR
96	Irland
98	Bourbon
100	Tennessee Whiskey
102	Kanada
104	Japan
106	Porträt: Masataka Taketsuru
108	Asien, Australien & Neuseeland
110	Andere Whiskys der Welt
112	**Die Whisky-Branche**
114	GLOSSAR
116	Blending-Betriebe
118	Unabhängige Abfüller
120	Die Keepers of the Quaich
122	Boom & Krise
124	Die Scotch Malt Whisky Society
126	Porträt: Sukhinder Singh
128	Fachhändler
130	Whisky sammeln
132	In Whisky investieren
134	**Beurteilung**
136	GLOSSAR
138	Vielseitiger Whisky
140	Whisky servieren
142	Nosing & Tasting
144	Porträt: Bill Lumsden
146	Beschreibung des Aromas
148	Altersangaben
150	Whisky & Essen
152	Whisky-Festivals
154	Die Autoren
156	Quellen
158	Index
160	Danksagung

VORWORT
Ian Buxton

Seit beinahe 30 Jahren bin ich auf dem Spirituosenmarkt unterwegs. Ich war Marketingdirektor eines sehr bekannten Single Malt, rief eine wichtige Branchenkonferenz ins Leben, habe eher zufällig eine (verlassene) Brennerei gekauft, mehrere Besucherzentren aufgebaut, als Berater gearbeitet, nahezu ein Dutzend Bücher geschrieben und mich der professionellen Bewertung von Spirituosen gewidmet – eine härtere Arbeit, als viele glauben.

So meine ich, etwas von Whisky zu verstehen, einem Getränk, über das es viel zu lernen gibt. Hätten Sie mich angesprochen, wäre ich gegenüber der Idee, all das Wissen in ein kleines Buch zu packen, skeptisch gewesen. Das Thema sei zu umfangreich, und schließlich gäbe es berechtigte Gründe, warum Hunderte von teilweise sehr detaillierten Büchern über Whisky auf dem Markt wären. Niemand schaffe es, das alles auf 160 Seiten zu schreiben.

Nun gut, ich dachte falsch, aber es bedurfte eines Teams von einigen der besten Schriftsteller, um mir den Fehler klarzumachen, eines Teams, das vom einzigartigen Charles MacLean geleitet wurde, dessen eigene Beiträge aufschlussreich und zugleich schnell zu erfassen sind. *Whisky in 30 Sekunden* ist eine bemerkenswerte Leistung, und ich freue mich, die Arbeit meiner Kollegen vorstellen zu können. Es ist nicht nur aus grafischer Sicht ein Vergnügen, sondern auch kompetent und kompakt geschrieben. Es ist die perfekte Whisky-Fibel, in der auch echte Kenner viel Interessantes finden werden. Picken Sie sich ein Thema aus dem Buch heraus – es wird Ihnen als Kurzreferenz, Quelle für neues Wissen und Ausgangspunkt für weitere Erkundungen nützlich sein. Bewundernswert in seiner Kürze und hinsichtlich seiner kompakten Informationen, kann ich mir nichts Vergleichbares vorstellen.

An *Whisky in 30 Sekunden* werden Sie viel Freude haben. Gönnen Sie sich einen Schluck, wenn Sie es sich zum Lesen vornehmen. Den dürfen Sie ruhig großzügiger bemessen, weil Sie sowieso mit dem Lesen nicht mehr aufhören werden.

Es gibt viele verschiedene Möglichkeiten, ein Glas Whisky zu genießen. Später (Seite 140) werden Sie mehr über die Beurteilung eines guten Whiskys erfahren.

EINFÜHRUNG
Charles MacLean

Heutzutage erlebt der Whisky eine Renaissance.

Noch nie in seiner langen, oft dramatischen Geschichte passierte so viel. In den fünf großen Whisky-Nationen Schottland, Irland, USA, Kanada und Japan wurden noch nie so viele neue Brennereien eröffnet oder bestehende vergrößert. Noch nie schossen weltweit so viele Destillerien aus dem Boden, in Taiwan und China, Australien und Neuseeland, England und Wales, Frankreich und Deutschland, Belgien und den Niederlanden, Indien, Südamerika, Afrika, Skandinavien, Italien, der Schweiz ...

Nehmen wir nur einmal die traditionellen Produzenten. Seit 2004 haben in Schottland 21 Brennereien eröffnet, und ich weiß von 44 weiteren, die geplant oder im Bau sind. Die Zahl der irischen Brennereien hat sich von drei auf zwölf vervierfacht. Die japanischen Brennereien haben sich von sechs auf zwölf verdoppelt und die kanadischen stiegen von acht auf über 40. Und es wird geschätzt, dass in den USA über 200 neue, vor allem kleine Betriebe gegründet worden sind.

Dieser Optimismus beruht auf der für die kommenden Jahrzehnte erwarteten weltweiten Nachfrage nach Whisky – ein geschätztes jährliches Wachstum von 4,2 Prozent bis mindestens 2020. Die Nachfrage richtig zu prognostizieren ist enorm schwierig und von Faktoren abhängig, auf die die Branche keinen Einfluss hat, etwa die Weltwirtschaft und die internationale Politik, ganz zu schweigen von Gesetzen zum Alkoholverkauf, steuerlichen Regelungen und der Mode. Hoffen wir, dass die Vertriebsleute richtige Prognosen abgegeben haben.

Das Interesse an Whisky ist beständig gewachsen, seit 1990 sogar überdeutlich. Verschiedene Faktoren haben dazu beigetragen. Erstens ist da die massive Ausweitung des Angebots, besonders bei den Single Malts – vor allem durch schottische, aber auch japanische und durch neue Brennereien weltweit – und bei ihren hochwertigen, nichtschottischen Varianten – Kleinserien von Bourbon und Rye Whiskeys, und neuerdings Pure Pot Irish Whiskeys –, jeder mit einem einzigartigen Geschmacksprofil. 1970 waren nur 30 Single Malts auf dem Markt, und viele von ihnen waren recht speziell. Bis 1980 verdoppelte sich die Zahl, und in den 1990er-Jahren wurde aus dem Flüsschen definitiv ein Strom. Heute ist es unmöglich, die Neuerscheinungen jedes Jahres zu zählen, die ziemlich sicher bei mehr als 500 liegen dürfte.

Aromaräder zerlegen die im Whisky gefundenen Aromen und bieten eine nützliche Hilfe zur Beurteilung. Siehe auch Seite 146.

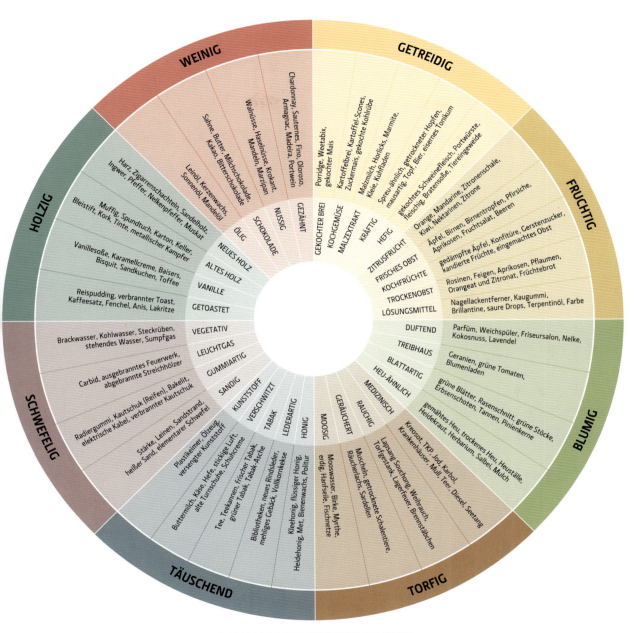

AROMARAD DES *WHISKY MAGAZINE*

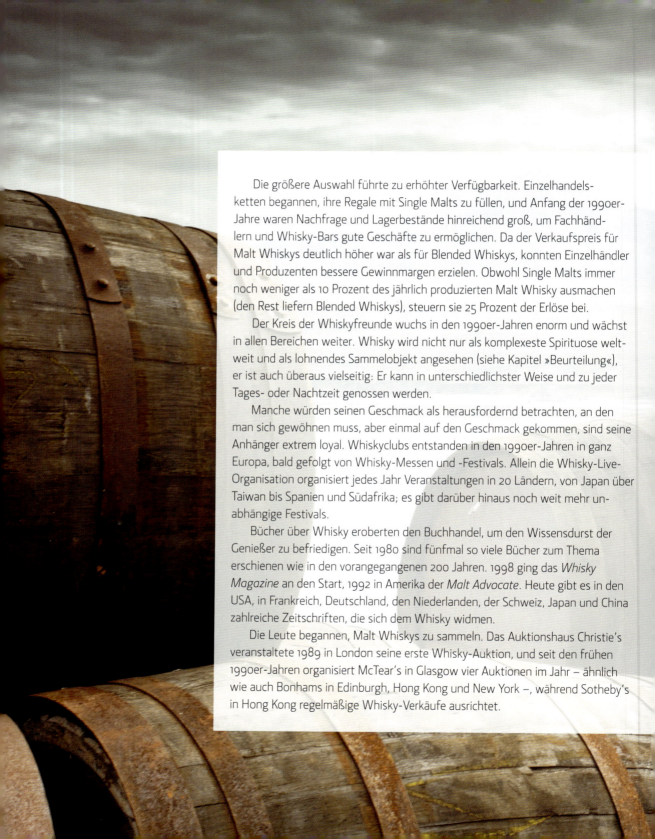

Die größere Auswahl führte zu erhöhter Verfügbarkeit. Einzelhandelsketten begannen, ihre Regale mit Single Malts zu füllen, und Anfang der 1990er-Jahre waren Nachfrage und Lagerbestände hinreichend groß, um Fachhändlern und Whisky-Bars gute Geschäfte zu ermöglichen. Da der Verkaufspreis für Malt Whiskys deutlich höher war als für Blended Whiskys, konnten Einzelhändler und Produzenten bessere Gewinnmargen erzielen. Obwohl Single Malts immer noch weniger als 10 Prozent des jährlich produzierten Malt Whisky ausmachen (den Rest liefern Blended Whiskys), steuern sie 25 Prozent der Erlöse bei.

Der Kreis der Whiskyfreunde wuchs in den 1990er-Jahren enorm und wächst in allen Bereichen weiter. Whisky wird nicht nur als komplexeste Spirituose weltweit und als lohnendes Sammelobjekt angesehen (siehe Kapitel »Beurteilung«), er ist auch überaus vielseitig: Er kann in unterschiedlichster Weise und zu jeder Tages- oder Nachtzeit genossen werden.

Manche würden seinen Geschmack als herausfordernd betrachten, an den man sich gewöhnen muss, aber einmal auf den Geschmack gekommen, sind seine Anhänger extrem loyal. Whiskyclubs entstanden in den 1990er-Jahren in ganz Europa, bald gefolgt von Whisky-Messen und -Festivals. Allein die Whisky-Live-Organisation organisiert jedes Jahr Veranstaltungen in 20 Ländern, von Japan über Taiwan bis Spanien und Südafrika; es gibt darüber hinaus noch weit mehr unabhängige Festivals.

Bücher über Whisky eroberten den Buchhandel, um den Wissensdurst der Genießer zu befriedigen. Seit 1980 sind fünfmal so viele Bücher zum Thema erschienen wie in den vorangegangenen 200 Jahren. 1998 ging das *Whisky Magazine* an den Start, 1992 in Amerika der *Malt Advocate*. Heute gibt es in den USA, in Frankreich, Deutschland, den Niederlanden, der Schweiz, Japan und China zahlreiche Zeitschriften, die sich dem Whisky widmen.

Die Leute begannen, Malt Whiskys zu sammeln. Das Auktionshaus Christie's veranstaltete 1989 in London seine erste Whisky-Auktion, und seit den frühen 1990er-Jahren organisiert McTear's in Glasgow vier Auktionen im Jahr – ähnlich wie auch Bonhams in Edinburgh, Hong Kong und New York –, während Sotheby's in Hong Kong regelmäßige Whisky-Verkäufe ausrichtet.

Die Preise für einige seltene alte Whiskys sind atemberaubend. Eine Karuizawa-Flasche von 1960 wurde 2015 bei einer Auktion in Hongkong für 38 954 Pfund verkauft, bei der auch eine 54 Flaschen umfassende Kartenserie der Hanyu-Brennerei für 377 374 Pfund den Besitzer wechselte. Eine 62-jährige Dalmore-Flasche, die 2005 privat für 32 000 Pfund verkauft wurde (damals ein Weltrekord), wurde 2011 in Singapur für 150 000 Pfund verkauft. Eine einzelne Flasche The Macallan erzielte 2014 bei einer Auktion in Hongkong 280 000 Pfund. Seit 2008 hat Whisky stets höhere Gewinne erzielt als die Aktienmärkte, und Investoren haben Kunden und Sammler auf der Suche nach seltenen Flaschen besucht.

Meine erste Aufgabe als Herausgeber dieses Buches war es, 50 Themen auszuwählen, die als Einführung in das Thema dienen konnten. Dann musste ich zehn Kollegen einladen, die in ihren Fachbereichen allesamt Experten sind, um über jedes Thema zu schreiben. Dieses Buch ist in sieben Kapitel gegliedert. Jedes beginnt mit einem Glossar der Begriffe und enthält ein Porträt einer Person, die für die Branche eine wichtige Rolle gespielt hat. Das erste Kapitel, **Begriffe**, erforscht die Anfänge des Whiskys und erklärt die verschiedenen Whisky-Sorten, die rund um die Welt zu finden sind. Im Kapitel **Geschichte** werden die historischen Grundlagen des Whiskys in den fünf führenden Whisky-Nationen kurz vorgestellt. Es folgt die **Herstellung**, die sich auf Malt Whisky konzentriert, aber auch die Herstellung von Grain und Blended Whiskys beleuchtet, dann werden die **regionalen Unterschiede** des Charakters des Scotch Malt Whiskys diskutiert, gefolgt von den **nationalen Unterschieden** zwischen den Whiskys der führenden Produktionsländer und einigen der jüngsten Produzenten. Das Kapitel **Whisky-Branche** widmet sich einer Handvoll unterschiedlicher Themen, darunter Artikel über Kaufen, Sammeln und Investieren, und das letzte Kapitel **Beurteilung** bietet Richtlinien zur Aufbewahrung, zum Servieren, zu Nosing und Tasting, beschreibt den Geschmack und kombiniert die Whiskys mit anderen Lebensmitteln.

Whiskey in 30 Sekunden ist eine Fibel, keine Enzyklopädie. Hoffentlich weckt es Ihr Interesse an der weltweit beliebtesten Spirituose und den Wunsch, sie kennenzulernen und zu kosten.

Slàinte!

BEGRIFFE ◐

BEGRIFFE
GLOSSAR

% vol. Alternative Abkürzung für den Alkoholgehalt (ALC).

ALC Der Alkoholgehalt (abgekürzt ALC) ist die Maßeinheit, die auf der ganzen Welt verwendet wird, um den Alkoholgehalt einer Spirituose anzugeben – außer in den USA, wo auf den Etiketten auch der American Proof erscheint.

Alambic Vom arabischen *al'ambiq* abgeleitet. Ein Destilliergefäß mit einem kürbisförmigen Topf und einem abnehmbaren Kopf, der mit einem Schnabel versehen ist, um den Dampf zu kondensieren.

Aqua vitae Lateinisch für »Wasser des Lebens«, das im schottischen Gälisch als *uisge beatha* und im irischen Gälisch als *uisce beatha* übersetzt ist.

Bläschentest Eine wenig genaue Methode zur Ermittlung des Alkoholgehalts, wobei die Flüssigkeit kräftig geschüttelt und das Verhalten der entstandenen Blasen beobachtet wird: Liegt der ALC der Flüssigkeit unter 50 % vol., verschwinden die kleinen Bläschen rasch, liegt er darüber, halten sich die größeren Bläschen länger an der Oberfläche.

Blended Grain Whisky Eine Mischung von Grain Whiskys aus verschiedenen Brennereien.

Blended Malt Whisky Eine Mischung von Maltwhiskys aus verschiedenen Brennereien.

Blended Scotch Whisky Eine Mischung aus Malt und Grain Whiskys. In der Regel werden zwischen 5 und 50 Whiskys verwendet.

Blended Whiskeys In den USA handelt es sich um eine Mischung aus Rye- oder Bourbon-Whiskeys mit neutralen Spirituosen, wobei diese nicht weniger als 20 Prozent Straight Whiskey oder eine Mischung aus Straight Whiskeys aufweisen dürfen. Der kanadische Whisky – der klassische Blended Rye – ist eine Mischung aus Single Grain Whiskeys (Mais, Roggen, Weizen, Gerste) mit ausgereiften, leichteren Whiskys aus Mais.

Bourbon Dieser amerikanische Whiskey wird aus einer Maische mit einem Maisanteil von mindestens 51 % (typisch sind etwa 80 %) sowie kleineren Mengen an Roggen und Weizen hergestellt. Er muss bis zu maximal 80 % vol. destilliert und in neuen, verkohlten Weißeichenfässern gereift werden. In den USA darf er überall hergestellt werden.

Continuous Still Brennblase, die kontinuierlich anstatt in Chargen arbeitet (siehe Pot Still). Das ist effizient und wirtschaftlich, und die produzierten Spirituosen sind leichter als diejenigen der Pot Stills. Der Kentucky Whiskey wird in einer hybriden Continuou Still destilliert. Die Maische wird zunächst in einer Column Still, einer röhrenförmigen Brennblase (Spirituose mit 0–55 % vol.), und anschließend entweder in einem Thumper (ein Gefäß mit Wasser, durch das der Alkoholdampf geleitet wird, wobei seine schweren Elemente extrahiert werden) oder in einem Doubler, einer einfachen Pot Still, destilliert.

Hydrometer Ein Instrument zur Messung der Dichte von Flüssigkeiten.

Pot Still Diese Brennblase arbeitet im Chargenbetrieb: Sie wird mit Flüssigkeit gefüllt; danach erfolgt die Destillation und anschließend die Reinigung, bis erneut Flüssigkeit eingefüllt wird. Sie besteht immer aus Kupfer.

Proof Eine alte Methode zur Beurteilung des Alkoholgehalts durch Zugabe von Wasser und Schießpulver. Wenn sich die Mischung entzündet, ist sie „Proof", entzündet sie sich nicht, ist sie „Under Proof"; sollte sie sich mit einem Knall entzünden, ist sie „Over Proof". Alkoholika mit 100° UK (Imperial) Proof haben einen Alkoholgehalt von 57 % vol., mit 100° amerikanischem Proof einen von 50 % vol.

Relative Dichte Die relative Dichte einer Flüssigkeit, eines Feststoffs oder eines Gases in Relation zu einem Standard – im Falle von Flüssigkeiten auf Wasser.

Rye Whiskey Der ursprüngliche amerikanische Whiskey, der in ähnlicher Weise hergestellt wird und reift wie der Bourbon (siehe Bourbon), mit dem Unterschied, dass die Maische zumindest aus 51 % Roggen sowie aus Weizen und gemälzter Gerste bestehen muss. Im Allgemeinen wird der Begriff mit kanadischem Whisky in Verbindung gebracht, der eigentlich ein Blended Rye ist.

Single Grain Whisky Das Produkt einer einzelnen Brennerei, das in Continuous Stills aus einer Getreidemischung mit überwiegendem Weizenanteil gewonnen wird.

Single Malt Whisky Das Produkt einer einzelnen Brennerei, das in Pot Stills ausschließlich aus gemälzter Gerste destilliert wird.

WAS IST WHISKY?
Die 30-Sekunden-Spirituose

Das Wort »Whisky« stammt vom

schottisch-gälischen *uisge beatha* ab, »Wasser des Lebens« – auf Lateinisch *aqua vitae*. Die früheste schriftliche Erwähnung von destillierten Spirituosen (*Aqua vitae*) stammt in Schottland aus dem Jahr 1494, als König Jakob IV. befahl, man möge dem Mönch John Cor acht Bolls Malz geben, »um Aqua vitae herzustellen«. Angesichts der damals primitiven Alambics reichte dies immerhin für eine beträchtliche Menge an Spirituosen – etwa 200 Liter reinen Alkohols. Warum der König das *Aqua vitae* wollte, ist unbekannt, aller Wahrscheinlichkeit nach aber zu medizinischen Zwecken. Die Königliche Kommission lieferte 1908/09 für den Whisky die erste gesetzliche Definition als »eine Spirituose, die aus einer Getreidemaische hergestellt wird ... Der als Scotch Whisky bezeichnete Whisky wird in Schottland destilliert und der irische Whiskey in Irland«. Diese Definition bedeutete, dass jede Getreidesorte – nicht nur gemälzte Gerste – verwendet werden konnte und Whisky völlig legal in allen Arten von Brennblasen destilliert werden durfte. Von 1916 an verlangte das Gesetz, dass unreife Spirituosen aus Schottland oder Irland mindestens drei Jahre reifen müssten, bevor sie sich »Whisky« nennen durften. Spätere Änderungen wurden 1988 im Gesetz über den schottischen Whisky zusammengefasst, dessen nachfolgende Verordnungen 2009 in den Rechtsvorschriften über den schottischen Whisky zusammengefasst wurden.

3-SEKUNDEN-SCHLUCK
Im Großen und Ganzen ist die Definition des Scotch Whisky von anderen Ländern mit wenigen kleinen Veränderungen übernommen worden.

3-MINUTEN-DESTILLATION
Uisge beatha wird »uschh-kie-bayaha« ausgesprochen. Das Wort stammt aus der Umgangssprache des frühen 17. Jahrhunderts – »uisge« (um 1618), »whiskie« (1715), »usky« (1736), »whisky« (1746), aber offiziell wurde die Spirituose als *Aqua vitae* oder *aquavite* bezeichnet. Amerikanische und irische Brenner nennen ihr Produkt üblicherweise »Whiskey«, während der Rest der Welt »Whisky« sagt; einen gesetzlichen Hintergrund gibt es dafür allerdings nicht.

VERWANDTE THEMEN
SCOTCH ODER NICHT?
Seite 18

DIE ALCHEMISTEN
Seite 22

DIE ENTDECKUNG DES WHISKYS
Seite 24

3-SEKUNDEN-BIOGRAFIE
BILL WALKER
1942–
Abstinenter schottischer Unterhausabgeordneter, der persönlich eine Gesetzesvorlage einbrachte, die 1988 als Grundlage für ein Gesetz über den Scotch Whisky diente.

30-SEKUNDEN-TEXT
Charles MacLean

Niemand weiß genau, warum König Jakob IV. Malz bestellte, um eine derart große Menge an »Aqua vitae« herzustellen. Er interessierte sich für die wissenschaftlichen Fragen seiner Zeit – auch für die der Alchemie.

SCOTCH ODER NICHT?
Die 30-Sekunden-Spirituose

Es gibt fünf Arten von Scotch:

Single Malt (ein in Pot Stills aus gemälzter Gerste destillierter Whisky einer einzigen Brennerei), Single Grain (auch aus einer Brennerei, aus ungemälztem Weizen oder Mais mit wenig Gerstenmalz), Blended Malt, Blended Grain und Blended Scotch. Beim japanischen Whisky werden dieselben Unterscheidungen gemacht. Traditioneller Irish Whiskey ist Pure Pot Still (oder Single Pot Still) und wird aus gemälzter und ungemälzter Gerste in Pot Stills destilliert. Zeitweise war er nur noch schwer zu finden, da er vom Blended Irish Whiskey – einer Mischung aus Pure Pot Still mit Grain Whiskey, der aus Roggen, Weizen und (gelegentlich) Hafer in Continuous Stills destilliert wird – verdrängt worden war. In Irland werden außerdem Pot Still Malt Whiskey und Continuous Still Grain Whiskey gebrannt. Der meiste amerikanische Whisky wird in hybriden Continuous Stills destilliert. Damit er sich »Bourbon« oder »Rye« nennen darf, muss er mindestens 51 % des entsprechenden Getreides enthalten und in nagelneuen Fässern aus amerikanischer Eiche reifen. Der so produzierte Tennessee Whiskey wird durch Ahornholzkohle gefiltert. Für Blended Rye oder Blended Bourbon werden diese Whiskeys mit bis zu 49 % reinem Alkohol gemischt. Im Falle von American Blended Whiskey dürfen es bis zu 80 % sein. Obwohl oft als »Rye« bezeichnet, wird Canadian Whisky aus mehreren Whiskys hergestellt, die jeweils nur aus Mais, Roggen, Weizen oder Gerste gebrannt sind.

3-SEKUNDEN-SCHLUCK
Die meisten Whiskys sind Mischungen. Nur Whisky aus Schottland darf sich Scotch nennen, und nur rund 8 % des Scotch Malt Whisky werden als Single Malt abgefüllt.

3-MINUTEN-DESTILLATION
Die Zahl der Brennereien hat in Schottland in den letzten Jahren deutlich zugenommen – seit 2004 gibt es 23 Neugründungen, 42 weitere sind in Planung. Dasselbe gilt in anderen Ländern: In Irland ist die Zahl der Brennereien in dieser Zeit von drei auf zwölf gestiegen, und die USA sind um beeindruckende 200 neue Brennereien reicher. Jedes Land in Europa produziert heutzutage Whisky.

VERWANDTE THEMEN
IRLAND
Seite 96

BOURBON
Seite 98

TENNESSEE WHISKEY
Seite 100

KANADA
Seite 102

JAPAN
Seite 104

3-SEKUNDEN-BIOGRAFIE
GEORGE WASHINGTON
1732–1799
Selbst ein führender Destillateur. Amerikas erster Präsident unterdrückte die Whiskey-Rebellion von 1794, die die Stabilität der aufstrebenden Vereinigten Staaten bedrohte.

30-SEKUNDEN-TEXT
Charles MacLean

Die USA, Kanada, Irland, Schottland und Japan sind die fünf Länder, die den meisten Whisk(e)y produzieren.

ALKOHOLGEHALT
Die 30-Sekunden-Spirituose

Schon lange beschäftigen sich
Menschen damit, die Qualität von Materialien durch Tests, Nachweise oder Analysen zu bestimmen. Für Spirituosen wurden verschiedene einfache Methoden verwendet, etwa der »Bläschentest«, bei dem die Flüssigkeit geschüttelt und das Verhalten der entstehenden Bläschen beobachtet wurde. Der »Schießpulvertest« war der häufigste: Gemischt mit Schießpulver und Wasser wurde die Spirituose als »Proof« betrachtet, wenn sich die Mischung entzündete; tat sie dies nicht, galt sie als »Under Proof«. 1675 erfand Robert Boyle sein neues Messinstrument, das gewöhnliche Hydrometer. Es war in der Lage, die relative Dichte von Flüssigkeiten zu messen, auch bei einer Mischung aus Alkohol und Wasser. Boyles Hydrometer wurde 1730 von John Clarke verbessert und 1787 durch das Amt für Verbrauchssteuern anerkannt; es war allerdings nicht zuverlässig genug, sodass die Brenner die Messwerte durch Hinzufügen von Melasse etc. manipulieren konnten. Bartholomew Sikes entwickelte 1802 eine stark verbesserte Version, die 1817 anerkannt wurde und bis 1980 als Standard galt; seit dieser Zeit wird die Flüssigkeitsdichte elektronisch gemessen. Damals wurde Proof in der gesamten Europäischen Union durch die Prozentangabe des Alkoholgehalts nach Volumen ersetzt (% ALC, auch % vol.). In den USA ist Proof bis heute die Maßeinheit für den Alkoholgehalt, wobei 100° Proof etwa 50 % ALC entsprechen.

3-SEKUNDEN-SCHLUCK
Proof ist eine Maßeinheit für die Ethanolmenge eines alkoholischen Getränks, die in den USA nach Gewicht berechnet wird. Andernorts wird es über das Volumen (ALC) bestimmt.

3-MINUTEN-DESTILLATION
Im 18. Jahrhundert basierten die Lizenzgebühren der Brennereien auf der geschätzten Spirituosenmenge, die ihre Brennblasen an einem Tag produzieren konnten. Schnell wurden Brennblasen erfunden, die größere Mengen destillieren konnten! Nur mit genauen Hydrometern konnte die Steuer anhand der Ethanolmenge erhoben werden, die in einer bestimmten Spirituosenmenge enthalten war.

VERWANDTES THEMA
WAS IST WHISKY?
Seite 16

3-SEKUNDEN-BIOGRAFIEN
ROBERT BOYLE
1627–1691
Anglo-irischer Wissenschaftler, der den Begriff Hydrometer einführte.

JOHN CLARKE
gest. 1789?
Schottischer Instrumentenbauer, der das erste Hydrometer erfand.

BARTHOLOMEW SIKES
gest. 1803
1774–1783 Sekretär des Amts für Verbrauchssteuern. Er gewann den Wettbewerb, der zur Verbesserung des Clarke'schen Hydrometers ausgeschrieben wurde, starb aber, bevor er das Preisgeld von 2000 Pfund entgegennehmen konnte.

30-SEKUNDEN-TEXT
Charles MacLean

Das 1675 von Robert Boyle erfundene Hydrometer misst die relative Dichte von Wasser und Alkohol in Whisky und anderen Flüssigkeiten.

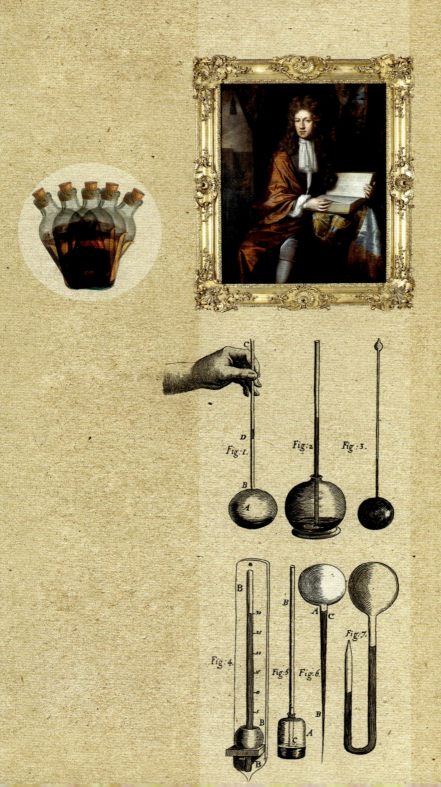

Anfang 3. Jahrhundert
Erste Bücher über die Alchemie; Arbeit des ägyptischen Mystikers Zosimos aus Panopolis

455
Rom fällt an die Vandalen, das weströmische Reich bricht zusammen.

711
Die Mauren besetzen die Iberische Halbinsel.

ca. 720–1258
Die Blütezeit des Islam. Das Kalifat plant, das gesamte menschliche Wissen in die arabische Sprache zu übersetzen.

850
Übersetzung der Werke von Dschābir ibn Hayyān (Geber) ins Lateinische als *De Summa Perfectionis*

850
Al Kindis *Kitab al-Asrar* (*Buch der Geheimnisse*) enthält die Beschreibung eines Alambics.

854–925
Muhammad ibn Zakarīyā ar-Rāzī, persischer Alchemist und Chefarzt im Krankenhaus von Bagdad im Herzen des Kalifats, Autor von *Kitāb Sirr al-asrār* (*Buch des Geheimnisses der Geheimnisse*)

936–1013
Abulcasis, andalusisch-arabischer Arzt und ein früher Destillateur

ca. 1175–1232
Michael Scotus, schottischer Alchemist, Übersetzer aus dem Arabischen und Lehrer an der ersten medizinischen Schule in Europa in Salerno

1225
Michael Scotus schreibt sein *Lumen Luminum*, in dem erstmals ein christlicher Europäer auf die Wissenschaft der Destillation Bezug nimmt.

ca. 1220–1292
Roger Bacon, »Doktor Mirabilis« genannt, englischer Franziskaner und Alchemist

ca. 1290
Arnold von Villanova, spanischer Scholastiker, Chemiker, Pharmazeut und Übersetzer aus dem Arabischen, schreibt das erste europäische Handbuch der Destillation.

Frühe 1300er-Jahre
Das *Red Book of Ossory*, in der Kathedrale von Kilkenny geschrieben, nimmt erstmals in Irland Bezug auf die Destillation und das *Aqua vitae*, das Wasser des Lebens.

DIE ALCHEMISTEN

Lange bevor es mit Alkohol in Verbindung gebracht wurde, bedeutete das lateinische Verb *distillare* schlichtweg „tropfen lassen". Naturphilosophen haben seit Aristoteles versucht, die Essenzen der Flüssigkeiten »heraustropfen« zu lassen. Diese frühen *Destillate*, ob durch Stoff gefiltert oder in Kesseln erhitzt und in Kondensatoren abgekühlt, wurden von späthellenistischen Denkern, christlichen Gnostikern und islamischen Philosophen, die sich allesamt im alexandrinischen Ägypten ausbreiteten, als philosophische Essenzen der Natur betrachtet. Obwohl Alchemisten heute meist nur noch für ihre Versuche bekannt sind, Unsterblichkeit zu erlangen oder Gold herzustellen, waren sie genau genommen frühe Chemiker. Schon zu Lebenszeit schienen ihre dubiosen Experimente eher spiritueller Natur zu sein, was nicht verwundert, da in ihrer Welt Wissenschaft und Theologie untrennbar miteinander verbunden waren.

Die ältesten bekannten alchemistischen Texte stammen von dem gnostischen Mystiker Zosimos, der die Destillation sogar mit der Taufe verglich. Obwohl Zosimos uns eine erste Beschreibung von einer Art Brennblase gibt – er schreibt die Erfindung Maria Prophetissa (Maria der Jüdin) zu, die als Begründerin der antiken Alchemie gilt –, erlaubten die unwirksame Kühlung und das brüchige Glas dieser Epoche keine Destillation von flüchtigeren Stoffen als Wasser. Folglich gab es für ihn keinen Alkohol.

Ägyptische Mystiker berichten beiläufig, dass die Destillation de facto auf eine ganze Generation von Ärzten zurückgeht, deren Wirken in eine Zeit fällt, in der das expandierende Kalifat Ideen aus Arabien, Persien, Nordafrika, Spanien und Ägypten zusammentrug. In seinem *Geheimnis der Geheimnisse* beschreibt der persische Alchemist Rhazes die Grundkomponenten einer modernen Destilliervorrichtung, deren verfeinerte Temperierung bessere Ergebnisse erbrachten. Über die spanischen Mauren kamen die Arbeiten von Alchemisten wie Rhazes und Avicenna nach Europa, wo sie sich durch Übersetzer wie Roger Bacon und Michael Scotus als „östliche Wissenschaften" in Klöstern und Universitäten weiterverbreiteten.

Ob nun Rhazes oder Roger Bacon: Alchemisten wurden selbst von ihren Zeitgenossen oft als »Zauberer« betrachtet; aus einer gewissen Distanz muss man heute allerdings zugeben, dass die Väter der Destillation skeptische Wissenschaftler waren. Auch wenn sie den Stein der Weisen nicht gefunden haben, verdankt sich die Destillation doch der Innovationskraft ihres genialen Denkens.

Fionnán O'Connor

DIE ENTDECKUNG DES WHISKYS

Die 30-Sekunden-Spirituose

Voraussetzung für das Aufkommen von Whisky war die Fähigkeit zur Destillation von Spirituosen. Destillation beschreibt die Trennung einer Flüssigkeit durch Verdampfung und Kondensation. Ausgehend von früheren Modellen der koptischen Ägypter entstanden Brennblasen oder Alambics aus den Bemühungen islamischer Alchemisten des 8. und 9. Jahrhunderts, medizinische Essenzen und Duftstoffe aus Grundstoffen herauszufiltern: Alchemie, Alambic und Alkohol sind arabische Wörter. Um verschiedene flüchtige Stoffe voneinander zu trennen, wird im Alambic eine Flüssigkeit bis zum Verdampfen erhitzt; anschließend werden die »gereinigten« Substanzen aufgefangen, die während des Abkühlens kondensieren. Dieses Gerät entwickelte sich weiter bis zur Brennblase, ohne die es keinen Whisky gibt. Die maurischen Besatzer Siziliens und der iberischen Halbinsel brachten Europa in engen Kontakt mit den arabischen Wissenschaften, sodass sich der Alambic bald über Klöster und medizinische Schulen verbreitete; dort wurde er schließlich mit Wein befüllt, was zu einer Reihe von brandyähnlichen Elixieren führte, die man als *Aqua vitae* oder Wasser des Lebens bezeichnete. Das neue Destillat verbreitete sich schnell, wurde durch heimische Zutaten ersetzt und in die Landessprache aufgenommen. Da es an Wein mangelte, begannen die Gälen Nordeuropas Bier zu verwenden: So waren die frühesten Whiskys geboren.

3-SEKUNDEN-SCHLUCK
Egal, wen Sie fragen, die Schotten, die Iren, die Araber und die Mönche haben alle den Whisky erfunden ... aber Whisky wurde nicht erfunden: Er entwickelte sich.

3-MINUTEN-DESTILLATION
Vor dem Mittelalter tranken die Europäer mit Bier, Met und Wein alkoholisch vergorene Getränke, aber keine Spirituosen. Das starke Zeug kam erst im frühen Mittelalter mit den maurischen Eindringlingen in Spanien an. Obgleich wir den Mönchen aus Irland und – später – aus Schottland unsere frühesten Whisk(e)ys verdanken, schmeckten ihre gebrannten Whiskys nicht wie moderne Malt Whiskys. Die klaren, jungen und meist mit Kräutern und Honig vermischten Spirituosen waren ursprünglich Medikamente und Stärkungsmittel, bevor sie wie heute als Drinks genossen wurden.

VERWANDTES THEMA
POT-STILL-DESTILLATION
Seite 58

3-SEKUNDEN-BIOGRAFIE
ARNOLD VON VILLANOVA
ca. 1240–1311
Katalanischer Arzt und Apotheker, der das erste europäische Handbuch zur Destillation verfasste und von dem es heißt, er habe bemerkt, dass destillierter Wein oder *Aqua vitae* (Wasser des Lebens) zu »Leidenschaft und kreativer Ekstase« führen könne.

30-SEKUNDEN-TEXT
Fionnán O'Connor

Die heutige Brennerei hat ihren Ursprung vor über 1000 Jahren, obwohl die ersten von Alchemisten und Mönchen destillierten Spirituosen ganz anders waren, als wir es heute gewohnt sind.

GESCHICHTE

GESCHICHTE
GLOSSAR

Blended American Whiskey Er muss mindestens 20 % Straight Whiskey (Bourbon oder Rye – siehe Glossar zu Kapitel 5) enthalten, der Rest kann aus reinem Alkohol bestehen. Er ist günstiger zu produzieren, leichter und milder im Geschmack.

Coffey Still Auch Patent Still genannt, um die Art der von Aeneas Coffey 1830 erfundenen Column Still zu beschreiben (siehe S. 30).

Column Still Die amerikanische Entsprechung der Coffey, Patent oder Continuous Stills. Der Name leitet sich von der Form der Brennblase ab, die in der Regel über zwei große, 12–15 Meter hohe Kupfersäulen verfügt. Die erste Säule, der Analyser, löst die Spirituose aus der Maische. Die zweite, der Rectifier, konzentriert und reinigt sie. Je nach Reinheitsgrad kann es bis zu fünf Säulen geben (siehe Kontinuierliche Destillation, S. 60).

Maische Dies ist das vergorene Gemisch (Würze) aus gemälztem und ungemälztem Getreide und Wasser mit rund 8 % vol. – ähnlich wie ein starkes, hopfenfreies Bier.

Prohibition Das gesetzliche Verbot der Herstellung und des Verkaufs von Alkohol, vor allem in den USA zwischen 1920 und 1933.

Pure Pot Still Heute als »Single Pot Still« vermarktet, ist dies der traditionelle und geschmacklich intensivste Whiskey Irlands, der aus einer Mischung von gemälzter und ungemälzter Gerste und anderen Getreiden gebrannt wird. Nach irischem Recht darf jeder in einer Pot Still hergestellte Whiskey die Bezeichnung führen. Bis 2013 war der Pure Pot Still selten, danach haben irische Brennereien glücklicherweise mehrere Marken eingeführt.

Schwarzbrand/Moonshiner Illegal destillierter, hausgebrannter Whiskey mit meist sehr hohem Alkoholgehalt, in den USA als »White Dog«, in Schottland als »Peatreek« und in Irland als »Poitín« bekannt.

Schlempe Die nach dem Maischen zurückbleibenden Getreiderückstände. Sie dient als nahrhaftes Viehfutter, das entweder von den einheimischen Landwirten bei der Brennerei nass abgeholt oder zu einer Futtermittelfabrik gebracht wird, wo sie getrocknet und zu Viehkuchen pelletiert wird.

Straight Whisky Genau genommen Whisky, dem kein Wasser zugesetzt wurde; die Bezeichnung wird besonders für die amerikanischen Sorten Straight Bourbon und Straight Rye verwendet, die nach bestimmten rechtlichen Vorgaben gebrannt werden (siehe Glossar zu Kap. 1).

Verbrauchssteuer Eine Steuer auf bestimmte Waren und Güter wie Alkohol, die in einem Land produziert und verkauft werden.

Verbrauchssteuergesetz Ein Gesetz zur Verbrauchssteuer.

Würze Eine süße, klebrige, trübe Flüssigkeit, die eigentlich unvergorenes Bier ist (siehe Glossar zu Kap. 3).

DIE GESCHICHTE DES SCOTCH

Die 30-Sekunden-Spirituose

3-SEKUNDEN-SCHLUCK
Auch Maltwhiskys bereits im Jahr 1494 erwähnt wird und große Brennereien in den 1770er-Jahren entstanden, gilt 1823 doch als die Geburtsstunde der modernen Whiskyindustrie.

3-MINUTEN-DESTILLATION
Der Scotch Whisky durchlebte eine Geschichte mit Höhen und Tiefen. Nach 1823 wurden immer mehr Brennereien lizensiert, ab 1840 fielen dann viele er Wirtschaftskrise zum Opfer. Der 1890er-Boom endete 1900 abrupt, derjenige der Nachkriegszeit langsamer Mitte der 1970er-Jahre. Seit 2005 hat die Branche einen beispiellosen Boom erlebt. Seit 2004 wurden 23 neue Brennereien gegründet, und aktuell sind 42 neue geplant. Aber will lange wird der Boom andauern?

Das Verbrauchssteuergesetz von 1823 halbierte die Steuern und ermöglichte es auch kleinen Brennereien, guten Whisky wirtschaftlich herzustellen. Zwischen 1823 und 1830 waren 232 Brennereien lizensiert; während der mageren 40er-Jahre mussten allerdings viele schließen – 1844 gab es noch 169 Betriebe. Die Wende brachte ein radikal neues Design der Brennblase – von Aeneas Coffey in den späten 1820er-Jahren perfektioniert –, die so (im Gegensatz zu Pot Stills) kontinuierlich und schnell destillieren und sehr reine, hochprozentige Spirituosen produzieren konnte. Allmählich etablierten sich die Coffey Stills in den Getreidebrennereien. Da die so erzeugten Spirituosen im Vergleich zu den Malt Whiskys der Pot Stills mild ausfielen, begann der Handel schon bald, beide zu mischen, um einen Blended Scotch von rundem Geschmack und guter Qualität zu kreieren. Damals wurde der Grundstein vieler großer Blending-Betriebe von Männern wie Andrew Usher, John Dewar, Johnnie Walker, Matthew Gloag, Arthur Bell, George Ballantine und William Teacher gelegt; ihre Söhne bedienten in den 1880er- und 90er-Jahren die Nachfrage nach Blended Scotch. Als 1900 der Markt durch Überproduktion einbrach, waren die Blender die Hauptkunden der Brennereien; Single Malts waren selten. Während des Zweiten Weltkriegs kam der Blended Scotch wieder in Mode und blieb es bis in die 1970er-Jahre; eine geringere Nachfrage bewog danach Brennereien, wieder auf Single Malts zu setzen.

VERWANDTE THEMEN
SCHMUGGEL
Seite 32

BLENDING-BETRIEBE
Seite 116

3-SEKUNDEN-BIOGRAFIEN
AENEAS COFFEY
1780–1852
Ehemaliger Generalinspekteur für Verbrauchssteuern in Dublin, der eine von Robert Stein, dem Spross einer führenden schottischen Brennerei-Dynastie, entwickelte Continuous Still perfektionierte.

ANDREW USHER SEN.
1782–1855
Er wird im Allgemeinen als Vater des Whisky-Blendings bezeichnet, der seinen ersten Blend *Usher's Old Vatted Glenlivet* 1853 auf den Markt brachte. Sein Können lernte er bei seiner Frau.

30-SEKUNDEN-TEXT
Charles MacLean

Die Column Still von Aeneas Coffey revolutionierte die Produktion und ebnete den Weg für die großen Blending-Betriebe.

SCHMUGGEL
Die 30-Sekunden-Spirituose

Am 31. Januar 1644 verabschiede-te das schottische Parlament das erste Verbrauchssteuergesetz, das auf »jeden Pint Aqua vitae oder starken Wassers, der im Land verkauft wurde«, eine Steuer erhob. Die Steuer galt für sämtliche Spirituosen, allerdings nur für den Fall ihres Verkaufs. Das Brennen von Getreide aus lokalem Anbau war bis 1781 zulässig. Als dies verboten wurde, war das Land dem Schwarzbrennen und dem Schmuggel ausgeliefert … Brennen wie Brauen wurden als ein natürliches Recht betrachtet. Den Gutsherren war klar, dass die Pächter Whisky verkaufen mussten, um ihre Pacht zahlen zu können; verständlich, dass sie als Richter gegenüber den Tätern nachsichtig blieben. Zudem ließen sich die Highlands kaum kontrollieren: Zwar wurden 1782 fast 2000 Brennblasen beschlagnahmt; dass rund weitere 21 000 in Betrieb blieben, war allerdings allseits bekannt. Als die Steuer 1793 nach der Kriegserklärung an Frankreich stieg, weitete sich der Schwarzmarkt aus. Ab 1815 wuchs die Furcht vor Anarchie: Wenn Schmuggler die Verbrauchssteuer umgehen konnten, konnten sie dies auch mit anderen Vorschriften tun. So wurden die Gesetze dahingehend geändert, dass auch kleine Brennereien guten Whisky gewinnbringend brennen konnten. Im Gegenzug halfen die Grundbesitzer, das illegale Brennen zu unterdrücken: Wurde ein Pächter des Schmuggels überführt, kündigten sie den Pachtvertrag. Daraus entstand das Verbrauchssteuergesetz von 1823.

3-SEKUNDEN-SCHLUCK
Streng genommen bedeutet »schmuggeln« illegal zu importieren, zu exportieren oder zu transportieren; in Schottland wurde die Bedeutung auf das Schwarzbrennen von Whisky erweitert.

3-MINUTEN-DESTILLATION
Whiskybrennen war ein wesentlicher Bestandteil des landwirtschaftlichen Jahres. Es ermöglichte nicht nur, das überschüssige Getreide vor Fäulnis und Schädlingen zu schützen und zu Bargeld zu machen. Die Rückstände – Schlempe und Getreidereste – waren das einzige Viehfutter, das in den Highlands im Winter zur Verfügung stand. Und da die Highlands von der Viehwirtschaft lebten, hatten die Bauern keine andere Wahl als illegal Schnaps zu brennen.

VERWANDTES THEMA
DIE GESCHICHTE DES SCOTCH
Seite 30

3-SEKUNDEN-BIOGRAFIE
ALEXANDER, 4. DUKE OF GORDON
1743–1827
Der größte Grundbesitzer im Norden Schottlands, der das Parlament 1820 dazu drängte, an kleine Brennereien Lizenzen zu vergeben. Das daraus resultierende Gesetz legte den Grundstein der modernen Whiskyindustrie.

30-SEKUNDEN-TEXT
Charles MacLean

Alexander, der 4. Duke of Gordon, war maßgeblich daran beteiligt, die Brennereien der Highlands aus der Illegalität zu holen.

32 • Geschichte

IRISH WHISKEY
Die 30-Sekunden-Spirituose

Obwohl es einige frühe Aufzeichnungen von medizinischen Spirituosen gibt, stammt der erste Bericht über das Genießen von Spirituosen aus *den Annalen von Clonmacnoise* (1405), der Übersetzung einer irischen Chronik, die den Tod von Risteard MacGrannell auf »übermäßigen Genuss von Aqua vitae, das für diesen Mann zum Aqua mortis wurde«, zurückführt. Es gibt keinen konkreten Zeitpunkt, aber im Laufe des 16. Jahrhunderts begann die britische Regierung, das private Brennen zu beobachten, da das »Wasser des Lebens« in vielen Haushalten gang und gäbe war. Damals wurde Whiskey aus den gemälzten Überresten der Bauernernte gebrannt und, allenfalls mit ein paar Kräutern versehen, unverdünnt aus den Brennblasen getrunken. Diese Praxis endete im 16. Jahrhundert, als hausgemachter Whiskey verboten, professionellen Brennereien eine Verbrauchssteuer auferlegt und sogar Malz steuerpflichtig wurde. Viele Bauern ignorierten das Gesetz und brannten ihren eigenen »Little Pot« oder *Poitín* (Mondschein) schwarz. Es waren jedoch die neuen, legalen Brennereien, die nicht nur die Geschichte, sondern auch den Geschmack der Spirituose, die sie brannten, prägten. Sie mischten ungemälzte *grüne* Gerste dazu, sodass sie die Steuern umgingen, und verliehen dem Whiskey dadurch eine deutliche Ingwernote; der Geschmack wurde derart beliebt, dass er auch nach der Aufhebung der Malzsteuer populär blieb.

3-SEKUNDEN-SCHLUCK
Irland, Wiege des Whiskeys, geprägt von Jahrhunderten der Schwarzbrennerei, gehört heute wieder zu den weltbesten Lieferanten traditioneller Malt und Pot Still Whiskeys.

3-MINUTEN-DESTILLATION
Mit dreimal höheren Verkaufszahlen als der Scotch schienen die irischen Pure-Pot-Still-Brennereien des 19. Jahrhunderts unbesiegbar und verweigerten sich der schnellen Produktion von Grain und Blended Whiskies. Der Boom des Blended Whiskey, die amerikanische Prohibition und der Unabhängigkeitskrieg Irlands ließen die Whiskeyindustrie Irlands zusammenbrechen. Die überlebenden Brennereien setzten ab den 1960er-Jahren ebenfalls auf Blends – ihr Erfolg leitete ironischerweise die Renaissance der legendären Malts und Irish Pot Stills Whiskeys ein.

VERWANDTES THEMA
PROHIBITION
Seite 40

30-SEKUNDEN-TEXT
Fionnán O'Connor

Einst gehörte der irische Whiskey zu den populärsten der Welt, doch auch die irische Whiskeyindustrie blieb vom wirtschaftlichen Zusammenbruch im späten 19. Jahrhundert nicht verschont; in den letzten Jahrzehnten hat irischer Whiskey wieder deutlich an Popularität gewonnen.

AMERICAN WHISKEY
Die 30-Sekunden-Spirituose

Niemand weiß, wann Whisk(e)y

erstmals in den Vereinigten Staaten gebrannt wurde; fest steht, dass die Siedler ihr Wissen über die Kunst des Brennens aus vielen Ländern mitbrachten, besonders aus Europa. Nach Berichten des Distilled Spirits Council der Vereinigten Staaten (DISCUS) »entschied 1640 William Kieft, Generaldirektor der New Netherland Colony, dass Alkohol auf Staten Island gebrannt werden solle. Sein Brennmeister, Wilhelm Hendriksen, soll Mais und Roggen zur Herstellung von Alkohol verwendet haben, und da die Holländer erst zehn oder noch mehr Jahre später das Rezept für Gin entwickelten, muss er irgendeine Form von Whiskey gebrannt haben.« Das 27. Gesetz der amerikanischen Bundesverordnungen verankert die rechtliche Definition des American Whisky, wobei die schottisch-kanadische Schreibung von Whisky benutzt wurde: »Ein alkoholisches Destillat aus einer gegorenen Getreidemaische, das mit weniger als 190° Proof so hergestellt wurde, dass das Destillat den für Whisky typischen Geschmack, sein Aroma und seine Eigenschaften besitzt, das mit Ausnahme des Mais-Whiskeys in Eichenfässern gelagert und mit nicht weniger als 80° Proof abgefüllt wird.« In den Verordnungen sind auch spezifische Definitionen für Bourbon, Rye, Wheat, Malt, Corn, Blended und Straight Whisky festgehalten.

3-SEKUNDEN-SCHLUCK
American Whiskey ist der Oberbegriff für Whiskey aus den USA, der aus einer Maische aus Getreidekörnern gebrannt wird.

3-MINUTEN-DESTILLATION
Straight Whiskey ist als Whiskey definiert, der mit 160° Proof (80 % vol.) oder weniger gebrannt wird und mindestens zwei Jahre in Eichenfässern lagert, wobei der Alkoholgehalt zu Beginn nicht mehr als 125° Proof (62,5 % vol.) betragen darf. Er darf nicht mit anderen Spirituosen, Zusatz- oder Farbstoffen gemischt werden. Jede der gesetzlich festgelegten Whiskey-Kategorien wie Bourbon oder Rye, die der Straight-Definition entsprechen, darf als Straight Bourbon oder als Straight Rye bezeichnet werden.

VERWANDTE THEMEN
SCOTCH ODER NICHT?
Seite 18

ALKOHOLGEHALT
Seite 20

BLENDING
Seite 66

BOURBON
Seite 98

30-SEKUNDEN-TEXT
Gavin D. Smith

Amerikanische Whiskeys und Bourbons können aus vier verschiedenen Getreidesorten hergestellt werden: Roggen, Weizen, Gerste oder Mais.

1780
Robert Samuels beginnt im Bundesstaat Kentucky, Land zu bebauen und zu destillieren.

1844
Die Familie Samuels beginnt in Deatsville mit der kommerziellen Destillation.

1910
Bill Samuels wird in Bardstown, Kentucky, geboren.

1936
Bill wird Manager der umgebauten Deatsville-Brennerei.

1938
Ernennung zum Präsidenten von T. W. Samuels & Son

1943
Er verlässt das Geschäft.

1953
Kauf der Burks-Brennerei in Loretto

1954
Beginn der Whiskey-Produktion bei Burks

1958
Erste Abfüllung von Maker's Mark, der Marke mit dem roten Wachssiegel

1980
Die Burks-Brennerei wird zum nationalen historischen Wahrzeichen.

1981
Verkauf der Firma an Hiram Walker & Sons, Pensionierung von Bill Samuels

Oktober 1992
Bill Samuels stirbt in Louisville, Kentucky.

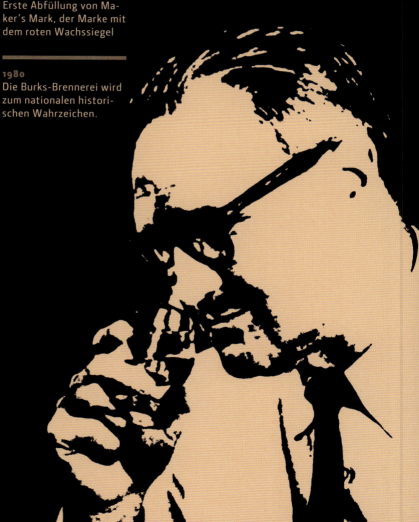

BILL SAMUELS

T. William »Bill« Samuels sen., geboren in Bardstown, Kentucky, war in der sechsten Generation Brenner. Die Wurzeln seiner Familie konnten in Kentucky bis auf das Jahr 1780 zurückverfolgt werden, als ein Robert Samuels aus Pennsylvania dorthin zog, um Land zu bebauen und zu destillieren. Die Familie begann 1844 in Deatsville mit der kommerziellen Whisky-Herstellung; Bill Samuels, der als Ingenieur ausgebildet war, wurde schließlich Manager und später Präsident der Brennerei in Deatsville, die sein Vater Leslie gemeinsam mit anderen Investoren 1933 nach dem Ende der Prohibition wieder aufgebaut hatte.

Ein Jahrzehnt später zog sich Bill Samuels aus dem Geschäft zurück. Im Oktober 1953 kaufte er für 35 000 Dollar eine heruntergekommene Brennerei in Loretto, die 1805 von Charles Burks gegründet worden war. Samuels machte sich an die Wiederherstellung und nannte die Brennerei *The Star*. 1974 wurde sie ins *National Register of Historic Places* aufgenommen und im Dezember 1980 als Burks-Brennerei zum nationalen historischen Wahrzeichen erhoben.

Bevor Bill Samuels zu destillieren begann, ging er der Legende nach einen wirklich radikalen Schritt: Er verbrannte feierlich die einzige Ausfertigung des Bourbon-Rezepts seines Großvaters Robert – wobei er außerdem die Vorhänge in Brand setzte! Samuels war der Überzeugung, die Zukunft des Bourbon läge in einer glatten, weniger scharfen Spirituose. Er experimentierte beim Brotbacken mit verschiedenen Kombinationen aus Gerste, Mais und Weizen, wobei er ein Rezept bevorzugte, das Winterweizen statt Roggen verwendete, was die allmähliche Revolution der gesamten Bourbonindustrie einleitete. Gleichzeitig führte er die Tradition seines Vaters weiter, indem er den gleichen Hefestamm verwendete, der zuvor in den Deatsville-Brennereien der Familie genutzt worden war.

Die Produktion begann 1954, und die ersten Flaschen Maker's Mark kamen vier Jahre später in die Regale. Der Name geht auf Samuels Frau Margie zurück, die Zinngeschirr sammelte und feststellte, dass jedes Stück ein Markenzeichen oder einen „Maker's Mark" aufwies, mit dem sich der Hersteller verewigte. Es war auch Margies Idee, die Flaschenhälse in rotes Wachs zu tauchen. Zu Ehren seiner schottischen Herkunft entschied sich Bill Samuels auf dem Etikett für die Schreibweise »Whisky«. In ihren unverwechselbaren quadratischen Flaschen ist er bis heute Amerikas einziger in kleinen Mengen gebrannter Bourbon, der nie industriell produziert wurde. Er ist rund sechs Jahre alt; sein köstliches Aroma soll sich dem sehr niedrigen Alkoholgehalt des Destillats verdanken.

1981 wurde Maker's Mark an Hiram Walker & Sons of Canada verkauft. Bill Samuels zog sich aus dem aktiven Geschäft zurück. Sein Sohn Bill Samuels jun. führte die familiäre Beziehung zu Maker's Mark weiter und wurde 1975 Präsident und CEO. Er selbst zog sich 2011 zurück und wurde von seinem Sohn Rob als CEO abgelöst.

Gavin D. Smith

PROHIBITION
Die 30-Sekunden-Spirituose

Der Grundstein für die Prohibition

wurde 1874 von der Women's Christian Temperance Union (WCTU) gelegt. Ihre Präsidentin Frances Willard vertrat eine friedliche Haltung, sang Psalmen und verteufelte den Alkoholgenuss. Wayne Wheeler von der Anti-Saloon-Liga, die über den nötigen politischen Einfluss verfügte, um die Prohibition durchzusetzen, verbündete sich 1893 mit der WCTU. 1919 ließ die US-Regierung ein Gesetz zum Verbot alkoholischer Getränke ausarbeiten. Am 20. Januar 1920 wurde der *Volstead Act* verabschiedet: Von nun an war es illegal, »berauschende Spirituosen« herzustellen, zu verteilen und zu verkaufen. Ausnahmen gab es bei medizinischer und religiöser Verwendung. Die Prohibition, auch als »ehrenhaftes Experiment« bekannt, scheiterte auf ganzer Linie und sorgte schätzungsweise für ein jährliches Steuerdefizit von 50 000 000 Dollar. Mit Gangstern wie Al Capone, die aus der Situation Kapital schlugen, lösten Schwarzbrennerei und Schmuggel eine nie dagewesene Welle des Verbrechens aus. Die Menschen brannten zu Hause einen oft giftigen »Badewannen-Gin«, der zu Blindheit und Lähmungen führte. Finanziell, gesundheitlich und moralisch war die Prohibition ein Weg in den Ruin. Am 5. Dezember 1933 kündigte Präsident Franklin D. Roosevelt ihre Aufhebung als Teil der Verordnungen in seinem New-Deal-Programm an, um die kriselnde Wirtschaft anzukurbeln. Das gut gemeinte Experiment war zu Ende; die Whiskeyindustrie musste sich neu erfinden.

3-SEKUNDEN-SCHLUCK
1920 wurden die USA für dreizehn Jahre abstinent: die Spirituosenindustrie wurde zerschlagen und eine Welle organisierter Kriminalität losgetreten. Wie kam es dazu?

3-MINUTEN-DESTILLATION
Nicht alle Befürworter der Prohibition waren friedlich. Carrie Nation schwang das Kriegsbeil in Wirtschaften, zerstörte Whiskey-Flaschen hinter der Bar und schrie: »Männer sind nikotindurchtränkte, mit Bier besudelte und mit Whiskey geölte rotäugige Teufel.« Ihre Anhänger verkauften Miniaturen ihres Beils als Souvenirs, um sie aus dem Gefängnis freikaufen zu können. Auf der anderen Seite wusch Al Capone seine Hände in Unschuld und verteidigte sich mit der Bemerkung: »Alles, was ich je getan habe, war die Befriedigung einer Nachfrage, die recht weit verbreitet war.«

VERWANDTE THEMEN
AMERICAN WHISKEY
Seite 36

CANADIAN WHISKY
Seite 42

3-SEKUNDEN-BIOGRAFIEN
CARRIE NATION
1846–1911
Amerikanische Aktivistin und Anwältin der »Mäßigung«

AL CAPONE
1899–1947
Berüchtigter amerikanischer Gangster und Boss des »Chicago Outfit«, eines Musterbeispiels organisierter Kriminalität

30-SEKUNDEN-TEXT
Hans Offringa

Die gesamte amerikanische Nation wurde abstinent, als der »Volstead Act« 1920 in Kraft trat. Die »Women's Christian Temperance Union« sah im Alkohol den eigentlichen Grund zahlreicher sozialer Probleme.

40 ○ Geschichte

CANADIAN WHISKY
Die 30-Sekunden-Spirituose

In Kanada war Rum die erste

Spirituose, die populär wurde. Im 18. und frühen 19. Jahrhundert wussten irische und schottische Einwanderer, wie leicht Rum herzustellen war. Whisky musste auf die englischen und europäischen Müller warten, die erst im 19. Jahrhundert in Zentralkanada ankamen. Mühlen ließen ihre Weizenüberschüsse in Column Stills brennen, von denen größere aus Holz die kleinen Brennblasen aus Kupfer, die die Siedler aus ihrer Heimat mitgebracht hatten, verdrängten. Deutsche und niederländische Immigranten, die sich an Roggenschnaps erinnerten, überzeugten die örtlichen Brennereien, ihren Vollkornmaischen Roggenmehl zuzufügen. Rye wurde zum Namen des so entstehenden aromatischen Whisky-Stils. 1887 führte Kanada das weltweit erste Gesetz zur Whisky-Reifung ein, das die auf eine kurze Lagerung und schnelle Verkäufe ausgerichtete kommerzielle Destillation rasch verschwinden ließ. Dann eröffnete die amerikanische Politik den rivalisierenden kanadischen Unternehmern Sam Bronfman und Harry Hatch neue Chancen: Während der Prohibition verkauften sie Whisky legal an Agenten amerikanischer Banden. Bronfman baute so das globale Imperium von Seagram aus, Hatch erwarb in Kanada die Brennereien von Corby, Wiser, Gooderham & Worts und Hiram Walker. Waren die 1980er-Jahre eine eher enttäuschende Zeit, so ist der Canadian Whisky heute dank des weltweiten Interesses wieder ein ernstzunehmender Marktteilnehmer.

3-SEKUNDEN-SCHLUCK
Die Anfänge des kanadischen Whiskys vor zweihundert Jahren lagen in einer innovativen Abfallwirtschaft der Müller, die aus ihren Überschüssen einen neuen Whisky-Stil kreierten.

3-MINUTEN-DESTILLATION
Die kanadische Whiskyindustrie ist von Amerika abhängig. Der Zusammenbruch der amerikanischen Produktion während des Bürgerkrieges machte die USA zu Kanadas größtem Kunden. Die Prohibition schuf für einige zwar einen lukrativen Graumarkt, brachte aber zugleich viele kanadische Brennereien an den Rand des Ruins. Der Trend zu weißen Spirituosen in den 1980er-Jahren führte zu Schließungen von Destillerien. Wo einmal knapp zwei Dutzend waren, blieben sieben übrig. 2013 kam dann die Wende.

VERWANDTE THEMEN
PROHIBITION
Seite 40

KANADA
Seite 102

3-SEKUNDEN-BIOGRAFIEN
HIRAM WALKER
1816–1899
Amerikanischer Brenner, der täglich zwischen den USA und Kanada pendelte, wo er den Canadian Club kreierte.

J. P. WISER
1825–1911
Tierzüchter, dessen Whisky über ein Jahrhundert ein Bestseller war; sein ursprüngliches Kerngeschäft war das Viehfutter.

30-SEKUNDEN-TEXT
Davin de Kergommeaux

Der amerikanische Unternehmer Hiram Walker gründete 1858 in Ontario seine Brennerei und entwickelte den Canadian Club, einen Exportschlager unter den kanadischen Whiskys.

JAPANISCHER WHISKY
Die 30-Sekunden-Spirituose

Japans Interesse an Whisky

kann bis 1854 zurückverfolgt werden, als der Marineoffizier Matthew Perry in Japan anlegte, um den Vertrag von Kanagawa auszuhandeln. Er brachte dem Kaiser ein kostbares Geschenk mit – eine Ladung amerikanischen Whiskey. In Japan begann die Produktion von Spirituosen im westlichen Stil Ende des 19. Jahrhunderts, aber mit einem stärkeren Interesse an den chemischen Aspekten als am Nosing oder Blending. Masataka Taketsuru, ein junger Chemiker, wagte sich im Juli 1918 nach Schottland, um die Herstellung von Whisky zu erlernen. Nach seiner Rückkehr im Jahre 1921 wurde er vom visionären Shinjiro Torii engagiert. Japans erste ernstzunehmende Whiskybrennerei wurde 1924 in der Nähe von Kyoto in Yamazaki gegründet, einem Gebiet, das von Sake-Brauern wegen seiner Wasserqualität geschätzt wird. 1934 baute Taketsuru auf Japans Nordinsel Hokkaido seine eigene Yoichi-Brennerei. Das Ende des Zweiten Weltkriegs führte zu einem Anstieg der japanischen Whiskyproduktion: Hanyu wurde 1946 gebaut (doch die Produktion von Single Malt begann erst 1980), Karuizawa 1955. Ende der 1960er- und Anfang der 1970er-Jahre kamen mit Suntory, Nikka und anderen neue Brennereien dazu. Der beispiellose Erfolg von Japans Whiskys bei internationalen Wettbewerben seit 2001 hat zu einem unerwarteten Boom geführt.

3-SEKUNDEN-SCHLUCK
Masataka Taketsuru und Shinjiro Torii sind die Väter der japanischen Whiskyindustrie. Die von ihnen gegründeten Unternehmen Nikka und Suntory dominieren bis heute.

3-MINUTEN-DESTILLATION
Die Brennereien Hanyu und Karuizawa, in einer ökonomisch prosperierenden Zeit gegründet, erlitten Rückschläge und wurden 2000 wieder geschlossen. Ironischerweise tragen ihre Qualität und besonders ihre Seltenheit heute zum stratosphärischen Anstieg der Auktionspreise von japanischen Single Malts bei. Eine einzigeFlasche von Karuizawa aus dem Fass Nr. 5627 (eine von 41) von 1960 wurde im August 2015 bei Bonhams in Hongkong für den Rekordpreis von 918 750 HK-Dollar (damals 77 250 Pfund) verkauft.

VERWANDTE THEMEN
MASATAKA TAKETSURU
Seite 106

IN WHISKY INVESTIEREN
Seite 132

3-SEKUNDEN-BIOGRAFIEN
MATTHEW C. PERRY
1794–1858
Marineoffizier der US-Marine und Diplomat, der erste Beziehungen zwischen Japan und der westlichen Welt herstellte.

SHINJIRO TORII
1879–1962
Japanischer Pharma-Großhändler, der Suntory gründete, den drittgrößten Spirituosenhersteller der Welt.

30-SEKUNDEN-TEXT
Marcin Miller

Das Geschenk des Marineoffiziers Matthew Perry an den japanischen Kaiser markierte 1854 den Beginn der japanischen Leidenschaft für Whisky.

HERSTELLUNG

HERSTELLUNG
GLOSSAR

Analyser Die erste Säule in einer Continuous Still, die den Alkohol aus der Maische herauslöst. In den USA ist Wash als »Beer« bekannt und der Analyser als »Beer Still«.

Enzyme Eine Substanz, die von einem lebenden Organismus produziert wird, der als Katalysator wirkt, um eine spezifische biochemische Reaktion herbeizuführen. In den meisten Ländern erfordert die gesetzliche Definition von Whisk(e)y, dass die Enzyme aus den Getreidekörnern kommen, also endogen sind. Kanada erlaubt die Zugabe von Enzymen (exogen).

Feints Der Nachlauf der Spirit Still, der stechend und unrein ist, wird zu einem separaten Gefäß geleitet, um noch einmal destilliert zu werden.

Foreshots Der Vorlauf der Spirit Still, der hochprozentig, stechend und unrein ist, wird in ein separates Gefäß geleitet, um noch einmal destilliert zu werden.

Fraktion Die Komponenten, in die ein Gemisch aus Alkohol und Wasser durch Destillation getrennt werden kann.

Gärbottich (Washback) In diesem Gefäß findet die Gärung statt. Washbacks variieren in der Größe und sind traditionell aus Oregon Pine (umgangssprachlich Douglastanne) gefertigt, aber zunehmend aus hygienischen Gründen aus Edelstahl.

Green Malt Gekeimte Gerste vor dem Darren (Trocknen).

Grist Gemahlenes Malz. Es weist drei Komponenten auf: Körner, Spelzen und Mehl.

Herzstück Der reine Mittellauf der Spirituose wird in ein Fass gefüllt. Die Vorläufe heißen »Foreshots«, die Nachläufe »Feints«.

Läuterbottich Ein moderner Edelstahl-Maischbottich, der von der Brauindustrie in Deutschland erfunden wurde. Es gibt zwei Arten: den Semi-Läuterbottich mit vier sich drehenden Armen, an denen vertikale Rechen angebracht sind, um die Maische zu rühren, und den Voll-Läuterbottich, dessen Arme sich nicht nur drehen, sondern für einen noch behutsameren Prozess auch angehoben und abgesenkt werden können.

Low Wines Die Flüssigkeit nach der ersten Destillation in der Wash Still mit rund 21 % vol.

Maische Die Mischung aus Grist und heißem Wasser.

Maischbottich Ein Gefäß, in dem die Mischung aus Grist und heißem Wasser »gemaischt« wird. Enzyme im Grist wandeln die Stärke in verschiedene Zucker um, die sich im heißen Wasser auflösen und zur Würze werden.

Mundgefühl Intensität und Struktur einer Flüssigkeit im Mund. Typische Deskriptoren für Whisky sind: sanft, cremig, ölig, brennend, pfeffrig, mundkühlend, adstringierend, spritzig etc.

Rectifier Die zweite Säule in einer Continuous Still, die reinigt und den Alkoholgehalt der Spirituose erhöht.

Rickhaus Sehr hohe Lagerhäuser für die Reifung, die in der Regel in Kentucky zur Anwendung kommen, wo Sommer- und Wintertemperaturen stark differieren, was vor allem im oberen Teil des Rickhauses zu einer schnelleren Reifung führt. Aus diesem Grunde reift der Whisky mit unterschiedlichen Geschwindigkeiten. Amerikanische Destillateure verschieben ihre Fässer zwischen den Ebenen oder kombinieren Fässer verschiedener Ebenen.

Sour Mash Die nicht alkoholischen, sauren Rückstände, die am Ende der ersten Destillation von Bourbon oder Rye übrig bleiben, werden der Maische der nächsten Charge im Gärbottich zugesetzt und machen etwa 25 % der gesamten Flüssigkeit im Bottich aus. Die auch als »Backset« bezeichnete Sour Mash wirkt als Säuerungsmittel und erleichtert die Gärung im harten, kalkhaltigen Wasser von Kentucky.

Trester Rückstand der Flüssigkeit aus der Wash Still mit hohem Proteingehalt, der keinen Alkohol mehr enthält. Auch als »Pot Ale« oder »Burnt Ale« bekannt, enthält er etwa 4 % Feststoffe und wird nach Verdunstung zu einem Sirup (40–50 % Feststoffe), der mit der Schlempe zu Viehkuchen verarbeitet wird (siehe Glossar zu Kap. 2).

Wash Gegorene Würze mit rund 8 % vol., ähnlich einem starken, hopfenfreien Bier.

Wash Still Die erste Brennblase, die bei der Pot-Still-Destillation genutzt wird, wird auch Low-Wines Still genannt. Hier werden Alkohol und Wasser der Wash getrennt, wobei der Tatsache Rechnung getragen wird, dass Alkohol einen niedrigeren Siedepunkt als Wasser hat.

Würze Die nach dem Maischen entstehende süße, klebrig-trübe Flüssigkeit, die zur Gärung in die Gärbottiche gelangt, wird Würze genannt: Sie ist im Wesentlichen ein ungegorenes Bier (das gleiche Wort wird beim Bierbrauen verwendet und stammt etwa aus dem Jahr 1000).

ROHSTOFFE
Die 30-Sekunden-Spirituose

3-SEKUNDEN-SCHLUCK
Whisk(e)y kann aus jedem Getreide hergestellt werden, aber damit er »Scotch«, »Japanischer« etc. genannt werden darf, muss er nach den im Produktionsland geltenden Rechtsvorschriften gebrannt werden.

3-MINUTEN-DESTILLATION
Weltgrößter Whiskyproduzent ist Indien: Acht der zehn populären Whiskys stammen von dort (neben Johnnie Walker und Jack Daniels). Der größte Teil des indischen Whiskys besteht aus lokal produzierten oder importierten Malt Whiskys, die mit »Indian Made Foreign Liquor« (IMFL) – meist aus fermentierter Melasse, Reis, Hirse, Buchweizen und Gerste destilliert – gemischt werden. Indische Whiskys dürfen in Europa nicht verkauft werden, da sie nicht ausschließlich aus Getreide produziert werden.

Malt Whisky, gleich welcher Herkunft, wird nur aus Gerste, Hefe und Wasser hergestellt. In einigen Ländern wird das Malz über Torf getrocknet, aus dem duftender Rauch aufsteigt, in anderen über verschiedenen Holzarten. Scotch und Irish Malt Whisk(e)ys verwenden Brennereihefe, während in Japan – wie früher in Schottland – Brauereihefe hinzugefügt wird. Amerikanische Brennereien glauben, dass der Hefestamm den Charakter der Spirituose verbessert, und gehen sogar so weit, einzelne Stämme zu züchten. Das Wasser, das die jeweiligen Brennereien verarbeiten, wurde früher als wesentliches Merkmal der Spirituose bewertet; heute zweifelt man zunehmend daran, auch wenn die Wassertemperatur in den Kondensatoren die Struktur der Spirituose beeinflusst. Scotch und Irish Grain Whisk(e)ys verwenden vor allem Weizen, manchmal auch Mais. Irish Pure Pot Still Whiskey enthält auch andere Getreidearten, in der Regel ungemälzte Gerste mit ein wenig Weizen, Roggen und Hafer. Blended American Whiskey fügt neutrale Spirituosen aus allen verfügbaren Getreidearten hinzu. Um Straight Bourbon/Rye genannt zu werden, muss die Maische mindestens 51 % Mais oder Roggen enthalten, wobei meistens weit mehr eingesetzt wird. Der kanadische Whisky besteht hauptsächlich aus Mais mit einem geringen Roggen- und (gelegentlich) Weizenanteil. Japanischer Whisky nutzt die gleichen Rohstoffe wie Scotch.

VERWANDTE THEMEN
WAS IST WHISKY?
Seite 16

IRLAND
Seite 96

BOURBON
Seite 98

KANADA
Seite 102

JAPAN
Seite 104

30-SEKUNDEN-TEXT
Charles MacLean

Die Gerste, die für Malt Whisky verwendet wird, muss von hoher Qualität und keimfähig sein; die Sorte selbst ist wichtiger für den Gewinn als für den Geschmack.

MÄLZEN
Die 30-Sekunden-Spirituose

Für Single Malts wird ausschließlich Gerste (*Hordeum vulgare*) verwendet.
Whiskys aus anderen Teilen der Welt können andere Getreide wie Roggen, Weizen, Mais oder eine Mischung verwenden. Anfangs bauten die Brennereien ihre eigene Gerste an oder erwarben sie aus dem Umland. Als die Nachfrage zu steigen begann, wurde sie auch aus dem Ausland, aus England, Schottland und Irland bezogen. Heute werden ständig neue Sorten mit dem Ziel eingeführt, den Alkoholgehalt zu steigern. Die Whiskyindustrie vertritt die Position, die Sorte beeinflusse nicht den Geschmack der daraus entstehenden Spirituose, auch wenn dies in Frage gestellt wird. Frisch geerntete Gerste kann nicht zu Whisky verarbeitet werden. Damit sich rohe, harte Samen in Spirituosen verwandeln, muss man sie mälzen, um an die Stärke des Korns zu gelangen und diese in Zucker umzuwandeln. Die Körner werden dabei zwei bis drei Tage in Wasser eingeweicht und anschließend in einer warmen, feuchten Umgebung ausgebreitet, um binnen etwa einer Woche zu keimen. Sobald die Samen aufzugehen beginnen, wird die Keimung durch das Trocknen des Green Malt in einer Darre gestoppt. Wird in diesem Stadium Torf verbrannt, wird der Whisky einen rauchigen Charakter bekommen. Das Malz wird anschließend zu Grist gemahlen und mit heißem Wasser zur Maische vermischt, um die Stärke in fermentierbare Zucker umzuwandeln.

3-SEKUNDEN-SCHLUCK
Gemälzte, gedarrte und gemahlene Gerste wird zu Grist, dem Grundstoff aller Single Malt Scotch und Pure Pot Still Irish Whisk(e)ys.

3-MINUTEN-DESTILLATION
Mehrere Gerstensorten werden bei der Produktion von Single Malts verwendet. Für eine maximale Ausbeute benötigen die Brennereien dicke, reife Körner mit viel Stärke und nicht zu viel Stickstoff. Sofern diese Voraussetzungen erfüllt sind, ist die Sorte und deren Herkunft zweitrangig. Die früher von den meisten schottischen Brennereien verwendete Gerstensorte war Golden Promise. Heute sind Optic, Decanter und Chalice wegen der höheren Widerstandsfähigkeit die bevorzugten Sorten.

VERWANDTE THEMEN
MAISCHEN
Seite 54

GÄRUNG
Seite 56

BLENDING
Seite 66

30-SEKUNDEN-TEXT
Charles MacLean»

»Hordeum vulgare«, eine zweizeilige Gerste, wächst weltweit in gemäßigten Klimaten. Die pagodenförmigen Dächer der Malzdarren, von denen nur noch wenige in Betrieb sind – darunter in Balvenie, Bowmore, Highland Park, Laphroaig und Springbank –, sind für viele schottische Brennereien typisch.

MAISCHEN
Die 30-Sekunden-Spirituose

Die ersten Schritte der Whisky-
herstellung, das Mahlen und das Maischen, sind für den Ertrag entscheidend. Das gekeimte und getrocknete Korn wird zu einem groben Grist gemahlen. Das Mischen des Grists mit heißem Wasser aktiviert das Enzym Amylase, das die Stärke im Grist in Zucker umwandelt. Das Grist läuft durch die »Maischmaschine«, wo es mit heißem Wasser vermischt wird. Diese Maische fällt dann in den Maischbottich, ein Gusseisen- oder Edelstahlkessel mit mehreren Tonnen Fassungsvermögen, der mit einer Rühreinrichtung und einem perforierten Boden versehen ist, durch den die aus der Maische extrahierte Flüssigkeit aufgefangen werden kann. Früher wurde das Rühren manuell mit Holzpaddeln durchgeführt, später mit mechanischen Rechen- und Pflug-Rührwerken, die sich um eine zentrale Achse drehten. Mehrere Brennereien betreiben diese Rührwerke noch immer, die meisten aber verwenden heute Läuterbottiche, die man von den deutschen Bierbrauern übernommen hat und die den löslichen Zucker besser extrahieren. Sie arbeiten schonender als herkömmliche Maischbottiche, verwirbeln die Maische nicht unnötig und erleichtern damit die Gewinnung einer klaren Würze, jenes zuckerhaltigen Wassers, das gegärt wird. Die Spelzen und verbrauchten Körner, die nach dem Maischen zurückbleiben, werden als Schlempe zu Viehfutter verarbeitet.

3-SEKUNDEN-SCHLUCK
Das englische »Mash« (Maische) stammt aus dem Altenglischen *masc*, *max* und *miscian*, »mischen«, und wird erstmals um das Jahr 1000 als »mash-wort« (Maischenwürze) erwähnt.

3-MINUTEN-DESTILLATION
Alle Whisky-Produzenten wissen, wie wichtig ein gutes Grist ist, das hinreichend Würze liefert, die extrahiert werden kann, und folglich für die entsprechende Alkoholmenge sorgt. Ist das Grist zu mehlig, kann dies zu einem klebrigen Brei führen, der den Maischbottich verstopfen kann. Hinsichtlich des Geschmacks wird eine trübe Würze für eine malzige Spirituose genutzt, während eine klare für fruchtigere und blumigere Aromen steht.

VERWANDTE THEMEN
MÄLZEN
Seite 52

GÄRUNG
Seite 56

REIFUNG
Seite 62

BLENDING
Seite 66

30-SEKUNDEN-TEXT
Charles MacLean

Spelzen und Körner, die beim Maischen übrig bleiben, werden als Schlempe bezeichnet. Sie ist reich an Ballaststoffen, Proteinen und Öl und wird als Viehfutter verwendet.

GÄRUNG
Die 30-Sekunden-Spirituose

Um den als »Wash« oder in Amerika und Kanada als »Beer« bekannten alkoholischen Brei zu erhalten, muss die Würze gären. Sie wird abgekühlt und in einen Gärbottich gepumpt, der auch »Washback« genannt wird. Traditionell wurden diese aus Lärche, Douglastanne (auch als Oregon Pine bekannt) oder Zypresse (in den USA) gefertigt. Viele Brennereien nutzen heute allerdings Gärbottiche aus Edelstahl. Hefe wird zur Würze dazugegeben, und nach ein paar Stunden beginnen die Hefezellen, den Zucker in der Wash in Alkohol und Kohlendioxid umzuwandeln. Der Gärungsprozess kann durchaus heftig verlaufen, wenn die »Wash« im Gärbottich aufschäumt, wobei die Blasen durch umlaufende Stäbe oder »Schalter« zum Platzen gebracht werden. Nach etwa 34 Stunden beruhigt sich die »Wash«, da die Hefezellen absterben; es kommt zu einer dramatischen Zunahme von Bakterien (hauptsächlich *Lactobacillus*), die den Säuregrad in der »Wash« senken und eine sekundäre oder *malolaktische* Gärung auslösen. Diese Phase ist für die Komplexität und Fruchtigkeit der Spirituose wichtig. Brennereien, die keine gemälzte Gerste als Ausgangsmaterial nehmen, wie zum Beispiel bei Scotch Grain, American und Canadian Whisk(e)ys, kochen das Getreide in einem industriellen Dampfkochtopf, um die Stärke einzuweichen; dann fügen sie durch etwas Gerstenmalz die Enzyme für die Umwandlung des Zuckers hinzu. Die Gärzeiten für derartige Whiskys sind gewöhnlich kürzer.

3-SEKUNDEN-SCHLUCK
Whisky ist im Wesentlichen destilliertes Bier – denken Sie einfach an Bier ohne Hopfen.

3-MINUTEN-DESTILLATION
Wie lange die »Wash« gegoren wird, spielt für den Geschmack der späteren Spirituose eine wichtige Rolle. Die erste Hefe- oder alkoholische Gärung ist nach etwa 48 Stunden abgeschlossen; wird die »Wash« sofort destilliert, neigt die Spirituose dazu, einen getreideähnlichen Geschmack auszubilden. Lässt man sie einen oder zwei weitere Tage gären, verringert sich der Säuregehalt, sodass sich fruchtig-blumige Aromen entwickeln können.

VERWANDTE THEMEN
MÄLZEN
Seite 52

MAISCHEN
Seite 54

30-SEKUNDEN-TEXT
Charles MacLean

Obwohl traditionell aus Lärche, Kiefer oder Zypressenholz gefertigt, bestehen viele moderne Gärbottiche heutzutage aus Edelstahl.

POT-STILL-DESTILLIEREN
Die 30-Sekunden-Spirituose

Wenn die »Wash« vergoren ist,

enthält sie so viel Alkohol wie ein starkes Bier, also etwa 8 % vol. Sie wird nun in die Wash Still gepumpt und zum Kochen gebracht, wobei sich Alkohol und Wasser trennen – Alkohol verdampft bei 78,4 °C, Wasser bei 100 °C. Die »Low Wines«, also die daraus resultierende Flüssigkeit, die etwa ein Drittel des »Wash«-Volumens mit 23 % vol. ausmacht, wird aufgefangen. Die Reste, der sogenannte Trester, werden durch weiteres Kochen konzentriert und als Tierfutter verwendet. Low Wines enthalten Verunreinigungen, die durch eine weitere Destillation in einer zweiten Brennblase entfernt werden müssen. Kupfer gilt als das beste Material, um Verunreinigungen aus der Spirituose zu beseitigen. Die Verunreinigungen werden von den Brennblasen in den Vor- und Nachläufen (sogenannte »Foreshots« und »Feints«) ausgeschieden, weshalb nur der mittlere Abschnitt des Laufes, das Herzstück, zur Reifung aufgefangen wird. Sein Alkoholgehalt liegt bei 70 % vol. Die Vor- und Nachläufe werden erneut destilliert. Das Urteil des Brennmeisters, wann mit dem Auffangen der Spirituose begonnen und wann aufgehört werden soll, ist ein Erfahrungswert, der von Brennerei zu Brennerei variiert und den typischen Charakter der Spirituose ausmacht.

3-SEKUNDEN-SCHLUCK
Während der Destillation wird der Alkohol konzentriert und gereinigt. Das komplexe Aroma des Whiskys entsteht aus den Verunreinigungen, die in der Spirituose zurückbleiben.

3-MINUTEN-DESTILLATION
Die Reinheit und der Charakter der einzelnen Whiskys hängt von der Anzahl Kontakte ab, die der Alkoholdampf mit Kupfer hat: je mehr Kontakte, desto reiner, heller und (wie manche sagen) weniger charakteristisch ist die Spirituose. Viele Faktoren sind dafür verantwortlich – die Größe, Form und Funktionsweise der Brennblase, die Bauweise der Kondensatoren etc. Continuous Stills produzieren eine viel reinere und daher hellere Spirituose als Pot Stills; das Gleiche gilt auch für amerikanische Hybrid-Brennblasen.

VERWANDTE THEMEN
ALKOHOLGEHALT
Seite 20

MÄLZEN
Seite 52

GÄRUNG
Seite 56

KONTINUIERLICHES DESTILLIEREN
Seite 60

30-SEKUNDEN-TEXT
Charles MacLean

Traditionelle Pot Stills bestehen aus einer Siedekammer zur Erwärmung der Maische, einem Brennrohr, das den alkoholischen Dampf zum Kondensator leitet, und einem Kondensator, der den übertragenen Dampf abkühlt.

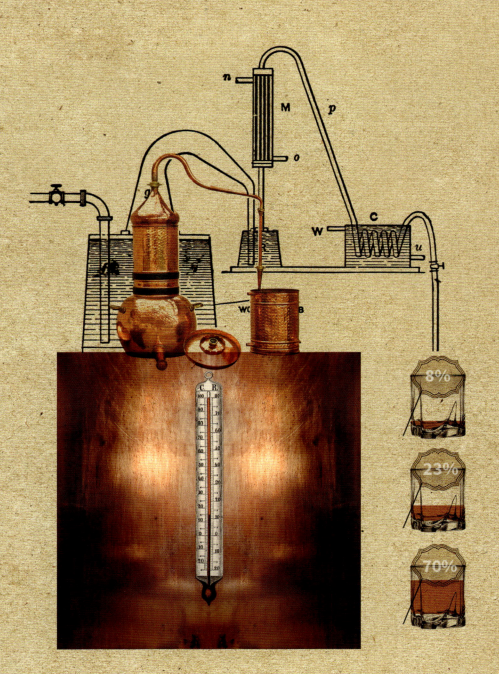

KONTINUIERLICHES DESTILLIEREN
Die 30-Sekunden-Spirituose

Die kontinuierliche Destillation

beruht wie die einfachere Pot-Still-Destillation auf der Trennung von Wasser und Alkohol durch Verdampfung. Die frühesten Continuous oder Patent Stills des 19. Jahrhunderts bestanden aus zwei zylindrischen Säulen, dem »Analyser« und dem »Rectifier«, die jeweils durch perforierte Kupferplatten in Fächer unterteilt waren. Im Gegensatz zu Pot Stills sind die Column Stills ständig in Betrieb und erzeugen sehr reine, hochprozentige Spirituosen mit weniger Geschmack und Körper. Die kühle »Wash« tritt in den oberen Teil des Rectifiers ein und fließt durch ein Serpentinenrohr nach unten, wo sie vom alkoholischen Dampf erwärmt wird, der vom Boden der Säule aus aufsteigt. Die warme Wash wird dann nach oben in den Analyser geleitet und tropft durch dessen perforierte Platten hinunter. Dampf, der in den Sockel dieser Säule gepumpt wird und durch die Platten aufsteigt, löst den Alkohol heraus. Der Dampf wird dann in den Sockel des Rectifiers zurückgeleitet, von wo er erneut aufsteigt, bis er auf eine geschlossene Platte trifft, an der er kondensiert. Das eigentliche Aroma entsteht durch Oxidation im Fass, in dem die Spirituose reift. Die kontinuierliche Destillation veränderte die Whiskyherstellung nachhaltig und führte dazu, dass Blended Whiskys entstanden. Ein Hybrid-System (eine direkt an einer Pot Still befestigte Rectifier-Säule) vereint die Prozesse in einem einzigen Lauf und ist in Amerika und Irland weit verbreitet.

3-SEKUNDEN-SCHLUCK
Die für die Herstellung von American, Irish, Scotch und Japanese Grain Whisky und Canadian Base Whisky bevorzugte kontinuierliche Destillation erzeugt schnell und wirtschaftlich eine konsistente, weniger aromatisierte Spirituose.

3-MINUTEN-DESTILLATION
Als der französische Erfinder Cellier Bloomenthal 1813 die erste Continuous Still patentieren ließ, revolutionierte er das Brennereien. 1828 enthüllte der Schotte Robert Stein seine eigene Continuous Still, die scheinbar für den Erfolg in Irland und Schottland bestimmt war, bis Aeneas Coffey zwei Jahre später eine verbesserte Version vorstellte. Einige Brennereien bauten ihre eigenen »Patent« Stills aus Holz und nannten sie »Coffey Stills«. Eine solche Brennblase ist noch bei Diamond Distillers in Guyana in Betrieb.

VERWANDTE THEMEN
POT-STILL-DESTILLIEREN
Seite 58

30-SEKUNDEN-TEXT
Davin de Kergommeaux

Die moderne kontinuierliche Destillation kann mehrere untereinander verbundene Säulen nutzen, die zusammen ähnlich wie eine Reihe verbundener Pot Stills funktionieren.

REIFUNG
Die 30-Sekunden-Spirituose

Die Vorteile der Reifung sind

spätestens seit den 1820er-Jahren bekannt. Der Anspruch, dass die Spirituose mindestens drei Jahre lang reifen muss, bevor sie als Whisky bezeichnet werden kann, wurde erst 1916 eingeführt, ist aber seither überall übernommen worden – mit Ausnahme der USA, wo eine zweijährige Reifung ausreicht. Schon immer wurde für die Fässer Eichenholz bevorzugt, das seit 1990 das einzige zugelassene Holz ist. Bis 1946, als erstmals große Mengen gebrauchter Bourbonfässer zur Verfügung standen, wurde meist auf alte Sherryfässer zurückgegriffen, die zum Transport benutzt worden waren. Nach Ansicht der meisten Brenner bestimmt die erste Füllung mit Bourbon, Sherry oder Wein den Geschmack eines Fasses; so werden einige holztypische Geschmacksnoten beseitigt, die sich sonst überdeutlich in der Spirituose niederschlagen würden. Amerikanische Brennereien bilden dabei eine Ausnahme: Bourbon und Rye müssen laut Gesetz in neuem Holz reifen, was den Whiskycharakter nachhaltig prägt. Denn das Fass ist weit mehr als ein bloßer Behälter: Es ergänzt wünschenswerte Eigenschaften (wie die Farbe, da die ursprüngliche Spirituose klar ist) und eliminiert nachteilige Nuancen (etwa Schwefelnoten). Eichenholz lässt die Spirituose »atmen«, sodass sie komplexe Reifungsmerkmale entwickeln kann. Je häufiger ein Fass benutzt wird, desto länger dauert es, bis sein Inhalt reift. Ist es einmal »ausgereizt«, kann es »verjüngt« werden.

3-SEKUNDEN-SCHLUCK
Whisky muss in Eichenfässern reifen. In diesem »Kokon« wird die Spirituose von der Raupe zum Schmetterling.

3-MINUTEN-DESTILLATION
Das Innere des Fasses muss ausgeflämmt (getoastet) werden, wenn sein Inhalt reifen soll. Das Toasten verändert die Struktur und Zusammensetzung der Chemikalien unmittelbar unter der Oberfläche des Holzes – so zersetzen sich mit der Hitze im Holz Hemicellulose und Lignin, sodass wünschenswerte Karamell-, Vanille- und Kokosnussaromen entstehen, die in die Spirituose übergehen. Amerikanische Fässer werden geflämmt, um ihre Innenseite mit Holzkohle zu überziehen, die reinigend wirkt und unerwünschte Schwefelverbindungen aus der Spirituose entfernt.

VERWANDTE THEMEN
MÄLZEN
Seite 52

GÄRUNG
Seite 56

30-SEKUNDEN-TEXT
Charles MacLean

Seit 1916 muss eine Spirituose mindestens drei Jahre in Eiche reifen, bevor sie als Whisky abgefüllt werden darf.

1844
Der behauptete Zeitpunkt der Gründung von Whyte & Mackay Distillers

1881
Das wirkliche Datum, an dem James Whyte und Charles Mackay ihr Geschäft eröffneten und sich auf Scotch Whisky konzentrierten, nachdem sie zuvor für das Handelshaus Allan & Poynter gearbeitet hatten, das in der Tat auf das Jahr 1844 zurückgeht!

31. Januar 1949
Richard Paterson wird in eine Familie geboren, die seit langem mit Scotch Whisky verbunden war.

1966
Wird bei A. Gillies & Co. eingestellt

1970
Wechselt zu Whyte & Mackay Distillers.

1975
Ernennung zum Masterblender von Whyte & Mackay Distillers

2013
Stellt die weltweit teuerste Whisky-Abfüllung zusammen – die Dalmore Paterson Collection, die bei Harrods in London zu einem Preis von 987 500 Pfund verkauft wird.

2016
50-jähriges Jubiläum in der schottischen Whiskyindustrie

RICHARD PATERSON

Richard Paterson ist einer der angesehensten und erfahrensten Masterblender, die derzeit für die schottische Whiskyindustrie arbeiten. Bei Whyte & Mackay in Glasgow beschäftigt, wird er mit Blick auf seine phänomenale Fähigkeit, Whiskys zu beurteilen, oft „The Nose" genannt. Paterson ist in dritter Generation Blender; sein Großvater William Robert Paterson gründete 1933 das Familienunternehmen W. R. Paterson Ltd. mit in Glasgow ansässigen Whisky-Blendern und -Abfüllern. Richard Patersons Vater Gus führte das Geschäft sowohl als Händler als auch als Misch- und Abfüllbetrieb in Eigenregie weiter.

Richard Paterson betrat im Alter von zarten acht Jahren die Welt des Whiskys, als er und sein Zwillingsbruder Russell von ihrem Vater zu dessen Stockwell Whisky Bond nach Glasgow mitgenommen wurden, wo die Fässer der Firma lagerten und das Blending stattfand. Schon damals wurden ihm die Grundzüge des Nosings von Whiskys und der sprachlichen Beschreibung vermittelt. Nach diesem verheißungsvollen frühen Start begann Patersons offizielle Karriere in der Whiskyindustrie 1966 als Mitarbeiter der Glasgower Whiskyfirma von Gillies & Co. Vier Jahre später begann er, bei Whyte & Mackay Ltd. zu arbeiten, wo er binnen fünf Jahren zum Masterblender wurde. Bei Whyte & Mackay arbeitete Paterson nicht nur mit bekannten Blends, sondern auch mit dem Single-Malt-Portfolio der Firma.

In den letzten Jahren hat er einige bemerkenswerte – und zuweilen aufsehenerregend teure – Dalmore-Blends geschaffen, darunter die Dalmore Constellation Collection, die aus 21 Whiskys aus den Jahren zwischen 1964 und 1992 bestand, und die Dalmore Trinitas. Lediglich drei Flaschen Trinitas kamen auf den Markt, von denen jede Spirituosen von 1868, 1878, 1926 und 1939 enthielt – eine wurde 2011 im Londoner Harrods für 120 000 Pfund verkauft. 2013 stand ein einziges 12-Flaschen-Set namens The Dalmore Paterson Collection bei Harrods für 987 500 Pfund zum Verkauf.

Paterson übernimmt zunehmend eine äußerst angesehene Rolle als Botschafter jener Whiskys, die er geschaffen hat. Er reist ausgiebig um die Welt und hält seine legendären Vorträge, bei denen es dazugehört, dass Eiswürfel herumgeworfen und Tischfeuerwerk gezündet wird. Abgesehen von der Effekthascherei wird er vom harten Kern der Whiskyliebhaber genauso bewundert, respektiert und geliebt wie von Anfängern und Neueinsteigern. Er wirkt wie ein wandelndes Lexikon, begeistert mit seiner ansteckenden Art für alles rund um den Whisky und hat eine Vorliebe für erstklassige Havanna-Zigarren. Paterson ist ein eigenwilliger, großzügiger und – im besten Sinne des Wortes – hoffnungsloser Glasgower. Die Jahre, die er bei Whyte & Mackay verbrachte, werden ihn für immer unvergesslich machen.

Gavin D. Smith

BLENDING
Die 30-Sekunden-Spirituose

Die begnadeten Künstler, die

Whiskys verschiedener Brennereien mischen und dabei verschiedene Aromen kombinieren, werden Blender genannt. Sie kreieren Marken, die Batch für Batch einen gleichbleibenden Eindruck und Geschmack vermitteln. Ein gelegentlicher Schuss Zuckercouleur sorgt auch für eine konstante Farbe. Schottische, irische und japanische Blender mischen sehr schmackhafte Malt Whiskys (in Irland Pure Pot Still Whiskeys), die jeweils eigene Charakterzüge tragen, mit reifen Grain Whiskys. Der mit hohem ALC gebrannte Grain Whisky trägt vor allem Aromen, die sich im Fass entwickeln, und Mundgefühl bei – eine oft unerwartete Qualität. Blender verwenden eine Vielzahl von Malt Whiskys, um rauchige, fruchtige, blumige und sonstige Aromen in ihre Blends zu bringen. Das Gleichgewicht ist neben dem Geschmack von größter Bedeutung. Die erfolgreichsten Blends schmecken als Einheit und nicht wie eine Mischung. Japanische Brennereien tauschen untereinander keine Whiskys, sondern erzeugen alle Komponenten ihrer Blends im eigenen Haus. In Kanada ging die Tauschpraxis unter den Brennereien in den 1980er-Jahren deutlich zurück. Wie in Japan gelten heute die »Single Destillery Blends« unter den Canadian Whiskys als die besten. Für Canadian Blends wird statt Malt Whisky geschmackvoller Rye (oder Maiswhisky) verwendet, American Blends kombinieren kleine Mengen Bourbon mit größeren junger neutraler Spirituosen.

3-SEKUNDEN-SCHLUCK
Die besten Blends sind besser als die Summe ihrer Teile und verbinden Whiskys, um Gleichgewicht, Komplexität und Vielfalt in einem Maße zu erreichen, wie sie in Einzelfässern kaum zu finden sind.

3-MINUTEN-DESTILLATION
Das Brennen ist kein rein mechanischer Vorgang, und das Blending reduziert Inkonsistenzen, die bei Destillation und Reifung entstehen. Streng genommen sind auch Single Malts Mischungen, da sie aus Malt Whiskys ein und derselben Brennerei verschnitten werden. Straight Bourbon kombiniert Maiswhiskeys verschiedener Rickhaus-Etagen. Whiskys aber, die als Blends gekennzeichnet sind, kombinieren Sorten unterschiedlicher Brennereien. Und Blended Malts? Dabei werden Malt Whiskys verschiedener Brennereien ohne Grain Whiskys gemischt.

VERWANDTES THEMA
BLENDING-BETRIEBE
Seite 116

3-SEKUNDEN-BIOGRAFIEN
WILLIAM EWART GLADSTONE
1809–1898
Durch das Spirituosengesetz des britischen Schatzkanzlers von 1860, das das Blending von Malt und Grain Whiskys erlaubte, bevor eine Verbrauchssteuer zu zahlen war, öffnete sich die gesamte Branche.

HIRAM WALKER
1816–1899
Amerikanischer Unternehmer, dessen »Fass-Blending«, bei dem neu gebrannte Spirituosen vor dem Altern gemischt wurden, bis heute verwendet wird, um seine Canadian Club Whiskys herzustellen.

SAMUEL BRONFMAN
1889–1971
Kanadischer Geschäftsmann, der 1939 (nach 200 Versuchen) mehr als 50 Whiskys kombinierte, um den Crown Royal Blend für König Georg VI. zu kreieren.

30-SEKUNDEN-TEXT
Davin de Kergommeaux

Masterblender müssen ein breites Spektrum von Geschmacksnuancen ausgleichen.

REGIONALE UNTERSCHIEDE

REGIONALE UNTERSCHIEDE
GLOSSAR

Dreifache Destillation Die dreifache Destillation, bei der die Low Wines aus der Wash Still in zwei weiteren Brennblasen erneut destilliert werden, wird heute nur noch in den Brennereien von Auchentoshan, Annandale und Springbank eingesetzt. Diese Praxis war vor allem in den Lowlands weit verbreitet.

Herb Mundtrocknend, von den Tanninen in den Eichenfässern, in denen die Spirituose gereift ist. Europäische Eiche enthält mehr Tannin als amerikanische.

Kildalton Malts Kildalton ist die Gemeinde im Südosten von Islay, wo die Brennereien Port Ellen, Laphroaig, Lagavulin, Ardbeg und Caol Ila angesiedelt wind. Sie werden mitunter auch als »Kildalton Malts« bezeichnet.

Küstennahe Einflüsse Ein Schlagwort für Salzigkeit, mineralische Noten, Meeresaromen, atlantische Frische und andere maritime Geruchsaspekte eines Whiskys. Woher solche Noten kommen, wird heiß diskutiert.

Mälzerei Der Ort, an dem Gerste zu Malz verarbeitet wird. Früher in jeder Brennerei zwingend vorhanden (das Pagodendach über der Darre ist zum Wahrzeichen der Malzbrennereien geworden), befinden sie sich heute außerhalb der Betriebe, oft in großen, eher hässlichen, funktionalen Gebäuden.

Ölig Ein Verkostungsbegriff, der sowohl ein Mundgefühl im Gaumen als auch ein mit Pflanzen-, Oliven- und Maschinenöl verwandtes Aroma beschreibt; Creme, Kerzenwachs und parfümfreie Seife.

Robust Ein beschreibender Begriff für einen besonders vollmundigen Whisky.

Schwarzbrennerei Vor 1781 war in Schottland und Irland das Brennen für den Eigenbedarf vollkommen legal, solange der Whisky nicht zum Verkauf angeboten wurde. Nach diesem Datum war das Brennen ohne Lizenz illegal.

Terroir Wörtlich die »Erde«: Aromen, die aus der lokalen Bodenbeschaffenheit herrühren. Französische Winzer schreiben ihm große Bedeutung für Geschmack und Charakteristik einzelner Weine zu. Der profilierte Whiskyexperte Dave Broom hält es mehr für ein „kulturelles Terroir" – als Handwerk, das in jeder Brennerei von Generation zu Generation weitergegeben wurde.

Torfig Torfige Aromen unterscheiden sich in »rauchige« (Lapsang-Suchong-Tee, glimmende Stäbchen, Strandfeuer, Torfrauch, Teer, Kreosot, auch geräucherter Lachs, Bückling und Miesmuscheln) und »medizinische« (Verbandmull, Hansaplast, Antiseptika, Krankenhäuser, Mundwasser, Jod, TKP, Einreibemittel).

Wachsartig Ein Verkostungsbegriff, der sowohl ein Mundgefühl als auch ein Aroma beschreibt, das an Kerzenwachs erinnert. Hoch geschätzt und typisch für den Clynelish Single Malt, fand sich die Beschreibung häufiger, als die Rohre noch nicht so penibel gereinigt wurden.

TERROIR
Die 30-Sekunden-Spirituose

Terroir beschreibt den Charakter

eines Produkts, der von Umweltfaktoren wie Geologie, Wetter und Geographie abgeleitet wird. Obwohl beim Wein sehr gut nachgewiesen, wird das Thema Terroir in Whisky-Kreisen kontrovers diskutiert. Anhänger des Terroirs im Whisky glauben an die Relevanz lokaler Zutaten und gewisser Umwelteinflüsse, etwa der Nähe des Meeres. Gegner argumentieren, die Produktionsprozesse beseitigten entsprechende ökologische Feinheiten. Die Herkunft des Fasses sowie Ort und Dauer der Reifung mindern den möglichen Einfluss einer Region auf den endgültigen Charakter eines Whiskys. Für die Mehrheit der schottischen Brennereien ist der Einfluss von Terroir unwahrscheinlich, da ein Großteil der Gerste aus mehreren Ländern bezogen wird und zentrale Mälzereien und unterschiedliche Standorte bei der Reifung mitwirken. Wahrscheinlicher für das Verhältnis von Produkt und Ort ist das, was man »übertragenes Terroir« nennt. Traditionell wurde der Charakter eines Whiskys von denen bestimmt, die ihn herstellten, und sie wiederum waren von dem Land, auf dem sie lebten, beeinflusst. Da moderne Brennereien zunehmend technologisiert sind, verringert sich entsprechend auch dieser Einfluss.

3-SEKUNDEN-SCHLUCK
Erkennbare Unterschiede im Whiskygeschmack definieren regionale Stile. Doch wie viel davon stammt im Gegensatz zum altehrwürdigen Handwerk der Whiskybrenner vom Terroir, den Umwelteinflüssen?

3-MINUTEN-DESTILLATION
Werbung für Scotch kann auf Nebel, Moorgebiete und raue See oder auf traditionsreiche Hersteller hinweisen. Technologischer Fortschritt erlaubt es den heutigen Brennereien, den Geschmack ihres Produkts genau zu bestimmen. Einige Brennereien bemühen sich deshalb, ihr Produkt wieder bewusst mit ihrem Terroir zu verbinden, etwa Bruichladdich oder Springbank. Beide verarbeiten nur lokale Gerste und verweisen auf ein lokales Klima, das sich, wie sie behaupten, in ihren Produkten widerspiegeln soll.

VERWANDTES THEMA
ROHSTOFFE
Seite 50

30-SEKUNDEN-TEXT
Angus MacRaild

Die Existenz von Terroir ist umstritten. Viele argumentieren, dass Umwelteinflüsse auf Whiskyaromen durch moderne Technologie immer unwahrscheinlicher werden.

NORTH HIGHLANDS
Die 30-Sekunden-Spirituose

Die North Highlands sind die

Heimat einiger der entlegensten Brennereien Großbritanniens. Oft liegen sie in der Küstennähe, um ihren Markt beliefern zu können; außerdem gibt es ein in die Jahre gekommenes, aber funktionsfähiges Straßen- oder Schienennetz. Oft gilt dies für überschwänglich gelobte Malt Whiskys mit reichem Charakter und maritimem Terroir. Viele sind bei Whiskyfreunden in Mode gekommen, vor allem Clynelish mit seinem eleganten wachsartigen Charakter oder der ältere torfige Brora, der bei Sammlern beliebt war. Balblair und Old Pultney sind ausgewogene, fruchtbetonte Whiskys mit küstennaher Frische, der Letztere deutlich salzig. Die zwei berühmtesten der Region sind Dalmore, vollmundig und muskulös, und Glenmorangie, einer der meistverkauften britischen Malt Whiskys, der in den höchstgelegenen Brennblasen Schottlands destilliert wird und für einen Highland Malt Whisky ungewöhnlich leicht ist. Der Singleton von Glen Ord, wie der Clynelish wachsartig und blumig, ist der Bestseller in Taiwan, dem weltweit größten Malt Whisky-Markt. Die weniger bekannten Teaninich und Tomatin aus zwei Großbrennereien, die für Blendings arbeiten, produzieren meist robuste Highland Malt Whiskys. In den letzten Jahrzehnten hat die Modernisierung der Anlagen, Zutaten und Methoden den typischen Highland-Charakter zurückgedrängt, auch wenn viele dieser abseits gelegenen Brennereien unverwechselbar und eigenwillig bleiben.

3-SEKUNDEN-SCHLUCK
Vollmundig, wachsartig, ölig, fruchtig und häufig einen küstennahen Einfluss: Zu den Single Malts aus den North Highlands gehören einige der beliebtesten und lebendigsten Charaktere des Scotch Whiskys.

3-MINUTEN-DESTILLATION
Die Brora-Destillerie wurde 1819 vom Marquis von Stafford (dem späteren erster Duke of Sutherland) gegründet, um das riesige Anwesen seiner Frau zu »optimieren«, ein Projekt, bei dem 15 000 Pächter das Land verlassen mussten, um mehr Platz für Schafe zu gewinnen. Ihre Spirituose genoss immer hohes Ansehen, und erhielt die höchste Auszeichnung für einen Single Scotch; 1983 allerdings musste die Brennerei wegen mangelnder Nachfrage schließen.

VERWANDTE THEMEN
ROHSTOFFE
Seite 50

WHISKY SAMMELN
Seite 130

3-SEKUNDEN-BIOGRAFIE
GEORGE GRANVILLE LEVESON-GOWER
1758–1833
Er war der Marquis von Stafford und erste Duke of Sutherland, der für seine Rolle in den Highland Clearances (Räumung des Hochlands) berühmt wurde.

30-SEKUNDEN-TEXT
Angus MacRaild

Whisky, der von der Brennerei Clynelish produziert wird, ist die Basisspirituose für den berühmten Blend Johnnie Walker Gold Label.

74 • Regionale Unterschiede

WEST HIGHLANDS
Die 30-Sekunden-Spirituose

Die schottischen West Highlands

gelten heute unter Fachleuten als etwas rückständig, auch wenn die wenigen, die dort noch in Betrieb sind, ungewöhnliche, charaktervolle Malt Whiskys herstellen, die im Allgemeinen ein hohes Renommee genießen. Klimatisch stammen sie aus einer der wärmsten und feuchtesten Regionen, und die Nähe des Meeres ist in ihrem Geschmack nicht zu leugnen. Viele Brennereien liegen einsam in der Landschaft dieser Region. Campbeltown, die Heimat dreier Brennereien, die hochgelobte, deutlich ölige und recht torfige Malt Whiskys lieferten, war einst bedeutend. Heute ist Springbank Inbegriff des Campbeltown-Stils. Glengoyne und Loch Lomond sind Beispiele für weiter südlich gelegene Brennereien, auch wenn Ben Nevis oder Oban die klangvolleren Namen der Region sind. In den letzten Jahrzehnten wurden der typische Charakter der West Highlands durch Produktionsmodernisierung und den sich wandelnden Bedarf der Blender etwas abgemildert, die auf den veränderten Geschmack der Kunden reagieren mussten, die seit den 1960er-Jahren einen ausgeprägten Torfgeschmack immer weniger nachfragten. Die Region steht allerdings bis heute für einen älteren Whiskystil, in dem die vorherrschenden Geschmacksrichtungen Wachsartigkeit, küstennahe Einflüsse, Fruchtigkeit und leichte Rauchigkeit dominieren.

3-SEKUNDEN-SCHLUCK
Vollmundige Maltwhiskys werden in jenem Landstrich gebrannt, der nördlich von Glasgow durch die historische Region Campbeltown, Oban und Fort William am westlichen Rand Schottlands entlang in die North Highlands führt.

3-MINUTEN-DESTILLATION
Aufgrund der abgeschiedenen Lage vieler Brennereien tat sich die Whiskyproduktion in den West Highlands immer schwer und schaffte es kaum über den Heimatmarkt hinaus. Da für den Vertrieb Schiene und Straße immer wichtiger wurden, litten die Brennereien unter dem Anstieg der Verschiffungskosten. Mit der Großer Depression und der Prohibition in Amerika verlor die Region ihren Hauptmarkt; der fehlende Zugang zu den Landverkehrswegen brachte das Ende der meisten Brennereien.

VERWANDTES THEMA
PROHIBITION
Seite 40

3-SEKUNDEN-BIOGRAFIEN
FRANK MCHARDY
1945–
Ehemaliger Brennmeister bei Springbank, der jetzt nach mehr als 50 Jahren in der Whisky-Branche im Ruhestand ist.

COLIN ROSS
1948–
Seit 1989 Brennereimanager bei Ben Nevis, früher Manager bei Laphroaig und Brennmeister bei Strathisla mit über 50 Jahren Erfahrung.

30-SEKUNDEN-TEXT
Angus MacRaild

Springbank, 1828 gegründet, ist eine der drei verbleibenden Brennereien in der einst großen Whiskyregion von Campbeltown.

EAST HIGHLANDS
Die 30-Sekunden-Spirituose

East Highland Malt Whiskys wer-
den definitionsgemäß in einer Reihe von Brennereien auf der »Schulter« von Nordost-Schottland im Dreieck zwischen Aberdeen, Peterhead und Fochabers am Rande der Speyside produziert. Die genaue Definition, welche Brennereien sich als Speysides bezeichnen dürfen, war viele Jahre umstritten; eine Destillerie am Rande der Region – Knockdhu – ist im fruchtig-blumigen Speyside-Stil ausgesprochen stark. Leider wurden einige der großen Brennereien der East Highlands längst geschlossen. Feine Malt Whiskys, darunter der senfige und wachsartige Banff und der sinnlich fruchtige Glenugie, sind Beispiele für Destillerien alter Schule, die den Rückgang der Brennereien in den 1980er-Jahren nicht überlebten. Traditionell waren East Highland Malt Whiskys schwer, wild und oft torfig; da sich der Geschmack des Marktes änderte, verloren die meisten ihre Torfkomponente. Nur Ardmore blieb dem Stil treu. Glen Garioch ergänzte sein köstliches, fruchtiges und leicht säuerliches Geschmacksspektrum um eine Rauchnote. Er reift genauso im Sherryfass wie der beeindruckende Glen-Dronach, der verdientermaßen für seine robusten, süßlichen und doch herben Whiskys, die meist ebenfalls in Sherryfässern reifen, berühmt wurde. Die leichtesten der traditionellen East Highland Malt Whiskys sind An Cnoc aus der Knockdhu-Brennerei und Deveron aus der Macduff-Brennerei, die beide malzig und fruchtig ausfallen.

3-SEKUNDEN-SCHLUCK
Die East Highlands stehen im Zusammenhang mit Whisky für eine Handvoll Brennereien, unter denen sich einige der wahren Größen der schottischen Produktion befinden, vielfältig im Stil, aber oft robust, gelegentlich ausgelassen fruchtig oder leicht torfig.

3-MINUTEN-DESTILLATION
Die natürliche Umgebung dieser relativ abgelegenen Ecke Schottlands hat viele Torfmoore und ausgiebig Ackerland, das für den Gerstenanbau geeignet ist, und so überrascht es kaum, dass das Brennen in den East Highlands früher einmal florierte. Die Torfmenge, die beim Mälzen zum Einsatz kam, wurde im Laufe der Jahre reduziert, was den muskulösen und kräftigen Charakter der meisten Whiskys nicht minderte.

VERWANDTE THEMEN
ROHSTOFFE
Seite 50

REIFUNG
Seite 62

SPEYSIDE
Seite 86

30-SEKUNDEN-TEXT
Angus MacRaild

Zu den ehemaligen Besitzern der GlenDronach-Brennerei gehörte auch Charles Grant, der Sohn des Glenfiddich-Gründers William Grant.

CENTRAL HIGHLANDS
Die 30-Sekunden-Spirituose

Die Brennereien der Central Highlands

liegen in einem diagonal verlaufenden Gebiet mit hauptsächlich gebirgigem Land zwischen Stirling und Royal Deeside. Unter all den Regionen der Highlands steht diese Gruppe sehr unterschiedlicher Brennereien am ehesten für die moderne Interpretation des Hochlandcharakters: mittel- bis vollmundige, oft fruchtige Malt Whiskys mit süß-malzigen, manchmal leicht wachsartigen, oft kräftigen Noten. Dalwhinnie, die höchstgelegene Brennerei Schottlands, trägt wohl den bekanntesten Namen – und steht für einen vollmundigen, süßen Whisky mit Heidehonig-Noten. Aberfeldy hat ein ähnliches, aber keks- und wachsartigeres Profil. Beide sind klassische Beispiele des Central-Highland-Stils. Die südlichste Brennerei ist Deanston, robust und malzig, die nördlichste Royal Lochnagar in der Nähe des Balmoral Castle – ein komplexer Charakter, nach Leinöl, Kiefer und Hartholzspänen duftend. Blair Athol, Glenturret und Tullibardine, alle aus Perthshire, sind faszinierende und ausgewogene Whiskys, die süß beginnen und trocken enden. Außerhalb von Pitlochry produziert Edradour, bis vor kurzem die kleinste Brennerei Schottlands, einen leichteren, eher birnenartigen Whisky, der mit der Reifung zunehmend blumig wird und oft in alten Weinfässern gelagert wird. Die Malt Whiskys dieser Region, »zentral« in Charakter und Standort, bilden eine Brücke zwischen den eleganteren Speysides und den schroffen Eastern und Northern Highlanders.

3-SEKUNDEN-SCHLUCK
Die Brennereien der Central Highlands produzieren süffige Digestifs und gelten als Beispiele moderner schmackhafter Highland Scotchs.

3-MINUTEN-DESTILLATION
Mit reichlich Torf, reinem Wasser und gutem Zugang zu der an der Ostküste angebauten Gerste liegen viele der Brennereien der Central Highlands an beliebten Touristenrouten zu den romantischen Bergen und Tälern der Trossachs (bekannt durch Sir Walter Scott) oder nahe der A9, der Hauptstraße nach Inverness und in den Norden. Damit gehören sie zu den meistbesuchten Brennereien Schottlands.

VERWANDTE THEMEN
NORTH HIGHLANDS
Seite 74

EAST HIGHLANDS
Seite 78

SPEYSIDE
Seite 86

BESCHREIBUNG DES AROMAS
Seite 146

3-SEKUNDEN-BIOGRAFIE
SIR WALTER SCOTT
1781–1832
Schottischer Schriftsteller, für den guter Scotch zu einer romantischen Hochlandkultur gehörte, was viel über seine Arbeit sagt. Viele Whiskymarken sind entweder mit dem Autor oder seinen fiktiven Figuren verbunden.

30-SEKUNDEN-TEXT
Angus MacRaild

Sir Walter Scott, bekannt für seine Romane, Dramen und Gedichte, war ein Whiskyfreund, der viele der besten Highland Whiskys im Keller hatte.

LOWLANDS
Die 30-Sekunden-Spirituose

Die Lowlands haben unter allen
whiskybrennenden Regionen Schottlands den niedrigsten Ausschuss. Einst gab es in jeder größeren Stadt Brennereien. Aber bis 2005 waren es nur noch drei, dann wurde Daftmill gegründet, gefolgt von fünf weiteren nach 2014. Man könnte behaupten, dass die Region historisch betrachtet an einem ungünstigen Vergleich mit den Highlands litt, eine Haltung, die während der jungen Tage der schottischen Whisky-Industrie herrschte, als die Lowlands die Heimat einiger der ersten kommerziellen Brennereibetriebe der Nation war. Ihre Malt Whiskys wurden gegenüber den illegalen Whiskys der kleinen Highland-Brennereien allgemein als minderwertig betrachtet, obwohl einige heute geschlossene Brennereien sehr angesehen waren, besonders Rosebank und St Magdalene. Lowlanders, die traditionell als die leichtesten schottischen Malt Whiskys angesehen wurden, waren oft dreifach destilliert, was für mehr Reinheit und geeignete Aperitifs sorgte. Die dreifache Destillation setzt sich auch bei Auchentoshan fort – ein fruchtiger, blumiger Schluck. Der andere führende Lowland Malt Whisky ist Glenkinchie, der zwar nach Zitronen duftet, frisch, aromatisch, aber dennoch vollmundig ist. Die älteste Brennerei der Region ist Bladnoch, die südlichste Brennerei in Schottland, die trotz eines wechselhaften Werdegangs zur vollen Produktion zurückkehrte: ein ländlicher, grasiger, nach Zitrone duftender Malt Whisky mit gutem Charakter.

3-SEKUNDEN-SCHLUCK
Nicht nur in der Höhe ständig von den stolzen Highlands überflügelt, produziert die Region Lowlands dennoch unauffällig meist leichte, saubere, knusprige Malt Whiskys.

3-MINUTEN-DESTILLATION
Bis vor kurzem war der leichtere Lowland Malt Whisky nicht sehr beliebt, was sich in der schwindenden Zahl regionaler Brennereien widerspiegelte. Die neuen Brennereien – Ailsa Bay, Annandale, Daftmill, Eden Mill, Glasgow, InchDairnie und Kingsbarns – lassen die Region hoffen, sobald ihre Spirituosen nach der Reifung in den Verkauf gehen. Heute brennen die größten Lowland-Destillerien Grain und nicht Malt Whiskys. Cameron Bridge, Girvin und Strathclyde produzieren Millionen Liter Grain Whisky für Blends sowie neutrale Spirituosen für Wodka und Gin.

VERWANDTE THEMEN
NORTH HIGHLANDS
Seite 74

WEST HIGHLANDS
Seite 76

EAST HIGHLANDS
Seite 78

CENTRAL HIGHLANDS
Seite 80

30-SEKUNDEN-TEXT
Angus MacRaild

Obwohl historisch betrachtet nicht besonders als eine Whisky-produzierende Region bekannt, produzieren die Lowlands heute tatsächlich einige der führenden Malt Whiskys, die aus Brennereien wie Auchentoshan und Bladnoch stammen.

19. Dezember 1839
Geburt in Dufftown in Banffshire, Schottland, als Sohn von William Grant – Old Waterloo genannt – und Elisabeth Grant, geb. Reid

1859
Heirat der einheimischen Elizabeth Duncan und Arbeit als Schuhmacher

1864/65
Gibt die Schuhmacherei auf, um im Büro bei Tininver – einem örtlichen Kalkwerk – zu arbeiten.

1866
Kündigt die Arbeit im Kalkwerk, um in der Mortlach-Destillerie in Dufftown für George Cowie als Buchhalter zu arbeiten.

ca. 1870
Versuche, ein eigenes Steinbruchgeschäft auf dem Grundstück von Drummuir zu gründen, scheitern. Er beginnt mit dem Destillieren zu liebäugeln.

1886
Nach zwei Jahrzehnten bei Mortlach nutzt er seine Ersparnisse, um mit seiner Familie Glenfiddich zu gründen.

25. Dezember 1887
Erstmals fließen aus den Glenfiddich-Brennblasen Spirituosen.

1892
Abschluss eines Kaufvertrags für 10 Morgen Land an der Straße nach Glenfiddich, um eine zweite Brennerei – Balvenie – zu bauen

1898
Kreation des Grant's Standfast Blended Scotch Whisky

1900
Erleidet einen Schlaganfall, der schließlich zur Erblindung führt.

1903
William Grant & Sons wird zur Gesellschaft mit beschränkter Haftung.

1908
Völlig erblindet, arbeitet er vom Bett aus, während seine Tochter Meta ihn umsorgt.

5. Januar 1923
Stirbt zu Hause und wird auf dem Friedhof der Pfarrei Mortlach beigesetzt.

WILLIAM GRANT

William Grant, der Gründer der

Whiskybrennerei William Grant & Sons, war ein Mann, der die Grenzen überschritt, die ihm das Leben auferlegt hatte. Geboren in Dufftown, Schottland, verlebte er eine für seine Zeit typische Kindheit: Besuch des Gymnasiums im Winter, im Sommer bereits mit 7 Jahren Arbeit als Viehhirte. Der als Schuhmacher ausgebildete Grant beschloss 1864, die Schuhmacherei aufzugeben und Arbeit in den lokalen Kalkwerken anzunehmen – ein radikaler Einschnitt nicht nur, weil die meisten ihrem Lehrberuf treu blieben, sondern weil sich schon hier sein eigentlicher Charakter zeigt. Ein Streit zwischen den Eigentümern des Kalkwerks veranlasste ihn, als Buchhalter bei der Mortlach-Brennerei anzufangen. Rastlos begann er mit der Planung eines eigenen Steinbruchs, für den er einen Partner und einen Standort suchte. Die Lizenz für den Steinbruch in Drummuir wurde ihm in letzter Minute verweigert. Trotz dieses Rückschlags begann er sofort an seinem nächsten Projekt zu arbeiten – einer Brennerei. Bald schon wurde er bei Mortlach zum Direktor befördert; gemeinsam mit seiner fleißigen Frau sparte er von seinem Jahresgehalt von 100 Pfund, was sich erübrigen ließ, um den Traum von einer eigenen Brennerei zu verwirklichen – was mit neun Kindern keine leichte Aufgabe war.

Als sich Cardhu, eine kleine lokale Brennerei, zur Renovierung entschloss, kaufte William von deren Besitzerin Elizabeth Cumming für 119 Pfund die alte Ausrüstung. Als 48-Jähriger verließ er Mortlach und begann, mit Hilfe seiner Kinder auf gepachtetem Grund am Rande von Dufftown die Glenfiddich-Brennerei zu errichten. Über 15 Monate arbeitete die Familie, um am Weihnachtstag 1887 endlich die ersten Spirituosen aus den Brennblasen fließen zu sehen. Ein Angebot des in Aberdeen beheimateten Großhändlers William Williams ermöglichte es den Grants, ihre Spirituosen-Produktion von 1800 Litern pro Woche zu verkaufen und die Brennerei zu vergrößern. Als ein potenzieller Konkurrent versuchte, das an seine Brennerei angrenzende Land zu kaufen, zögerte Grant nicht lange, sicherte sich für seine Brennereien die exklusive Nutzung der Quelle Robbie Dubh und errichtete 1892/93 die Balvenie-Brennerei.

Während vielen der finanzielle Erfolg zu Kopf stieg, blieb Grant ein engagiertes Gemeindemitglied und führte seine Pflichten als Kirchenältester und Leiter der Freiwilligengruppe von Dufftown fort. 1898 kreierte er Grant's, einen Blended Whisky, der bis heute existiert. 1900 erlitt er einen Schlaganfall, führte aber weiterhin sein Unternehmen und übertrug schließlich 1903 sein Eigentum an die ganze Familie.

Nach seinem Tod hinterließ William Grant ein bleibendes Erbe: Heute wird das international anerkannte Familienunternehmen in fünfter Generation geführt.

Alwynne Gwilt

SPEYSIDE
Die 30-Sekunden-Spirituose

Speyside ist die unbestrittene
Hauptstadt des Malt Whisky in Schottland. Im Vergleich zu den Highlands ist die Region klein, doch fast die Hälfte aller aktiven Brennereien sind hier ansässig – in der königlichen Stadt Elgin, den umliegenden Dörfern, an den Ufern des River Spey und im Hochland von Glenlivet. Die Whiskys sind in der Regel süßer als andere Malt Whiskys und lassen sich in drei Gruppen unterteilen: leicht und blumig (z. B. Glenfiddich, Glen Grant, Cardhu, Linkwood und Aultmore), mittelkräftig (etwa Glenlivet, Aberlour, Cragganmore, Benriach und Benromach) und robust (z. B. The Macallan, Glenrothes, Mortlach, Glenfarclas und Balvenie). Alle sind komplex, fruchtig und elegant. Die letzte Gruppe profitiert von der Reifung in ehemaligen Sherry-Fässern und wird, versehen mit getrockneten Früchten und Gewürzen, köstlich und herb. Glenlivet war bereits in den 1820er-Jahren für seine (illegalen) Malt Whiskys berühmt. Einige der ersten Brennereien, die nach 1823 Lizenzen erwarben, sind in der Region ansässig, die erst nach Eröffnung der Strathspey Railway weiteren Kreisen bekannt wurde: 24 der 40 in den 1890er-Jahren erbauten Brennereien lagen in der Speyside, und die meisten davon produzieren bis heute. Viele ergänzen ihren Namen mit der Qualitätsmarke »Glenlivet«.

3-SEKUNDEN-SCHLUCK
Fast die Hälfte aller schottischen Brennereien befindet sich in der Region Speyside, darunter die weltberühmten Single Malts The Glenlivet, Glenfiddich und The Macallan.

3-MINUTEN-DESTILLATION
1820 gab es vermutlich allein in Glenlivet 200 illegale Brennblasen: Die Abgeschiedenheit des Distrikts, die die Schmuggler anzog, und der allgemeine Erfolg der Region beruhte einerseits auf den Fähigkeiten ihrer frühen Brennereien und dem Ruhm ihrer Malt Whiskys, andererseits aber auch auf dem Reichtum an Gerste, Torf und reinem Wasser. In einem Klassiker zum Thema Whisky heißt es: »Es wäre kein wahrer, oder zumindest sehr anspruchsvoller Whiskyliebhaber, der dieses fast heilige Gebiet nicht mit Ehrfurcht betreten würde« (Aeneas MacDonald, 1930).

VERWANDTE THEMEN
NORTH HIGHLANDS
Seite 74

WEST HIGHLANDS
Seite 76

EAST HIGHLANDS
Seite 78

CENTRAL HIGHLANDS
Seite 80

3-SEKUNDEN-BIOGRAFIE
GEORGE SMITH
1792–1871
Er gründete 1824 mit seinem Sohn John Gordon Smith die Glenlivet-Brennerei.

30-SEKUNDEN-TEXT
Angus MacRaild

Als hätte man den Bock zum Gärtner gemacht: 1824 erwirbt der illegale Brenner George Smith seine erste Lizenz, um Whisky in der Glenlivet-Brennerei zu destillieren.

ISLAY
Die 30-Sekunden-Spirituose

Islay ist die südlichste Insel der

Inneren Hebriden. Mit acht Brennereien steht sie als Whisky-Metropole hinter der Speyside; ihre rauchigen Malt Whiskys genießen weltweiten Ruhm. Islay ist verhältnismäßig arm an Bäumen; die ersten Brennereien nutzten als Brennstoff Torf, der aus verrotteten Pflanzen wie Heidekraut und Torfmoos besteht, in den Mooren gestochen und getrocknet wird. Auch in den Highlands wurde Torf als Brennstoff verwendet. Torfrauch entwickelt einen starken Duft, der während des Darrens an den Spelzen des Green Malt haften bleibt, sodass der Whisky einen ausgeprägten Rauch- und Käutergeschmack entwickelt. Nirgendwo sind diese Aromen deutlicher erkennbar als in den drei südlichen »Kildalton«-Malt Whiskys: Lagavulin (köstlich, süß, fruchtig, duftend), Laphroaig (scharf, mit Kräuter-, Karbol- und Kohlenrauch-Aromen) und Ardbeg (teerig, ölig, an Strandfeuer erinnernd). Die Inselhauptstadt heißt Bowmore und ist namensgebende Heimat für eine der ältesten Brennereien Schottlands, deren Produkte weicher, blumiger, fruchtiger und weniger torfig sind. Aus dem Norden nahe Port Askaig, von wo aus man zum Festland übersetzen kann, stammt Caol Ila, süß, maritim, etwas antiseptisch. Süß, salzig und aschig ist im Westen Kilchoman, Islays jüngste Brennerei. Die leichtesten Malt Whiskys von Islay sind Bunnahabhain (leicht, fruchtig und maritim) und Bruichladdich, voller lebendiger grüner Früchte, süßem Malz und atlantischer Frische.

3-SEKUNDEN-SCHLUCK
Eine Insel voller berühmter Brennereien, deren charakteristische und anregende Aromen von Torfrauch, der Seenähe und Kräutern rund um die Welt verehrt werden. Selbst Islays leichtere Marken gelten gemeinhin als maritime Whiskys.

3-MINUTEN-DESTILLATION
Islay kann einen berechtigten Anspruch erheben, die Wiege schottischer Destillierkunst zu sein; es gibt Hinweise, dass die Geheimnisse des Brennens von einer gelehrten Ärztefamilie namens MacBeatha aus Irland hierhergebracht wurde, die sich 1300 im Zuge der Hochzeit einer irischen Prinzessin hier ansiedelte. Spätere Generationen der MacBeathas blieben Ärzte der lokalen Lords der königlichen Familie.

VERWANDTE THEMEN
SPEYSIDE
Seite 86

ANDERE INSELN
Seite 90

30-SEKUNDEN-TEXT
Angus MacRaild

Torfrauch gibt den Whiskys von Islay ihr charakteristisches Aroma.

ANDERE INSELN
Die 30-Sekunden-Spirituose

Nur eine Handvoll der knapp 800
Inseln vor Schottland produzieren Whisky. Allerdings finden sich auf ihnen einige der angesagtesten Brennereien Schottlands: Sanfte, aber belebende bis kräftige, torfige und vollmundige Whiskys werden dort gebrannt. Allen ist das anregende Klima ihrer Küstenorte gemein – salzig und maritim mit Seetang und Jod. Talisker auf Skye ist vermutlich der berühmteste Malt Whisky der Hebriden; pfeffrig und torfig mit viel Meeresfrische. Weiter nördlich liegt auf Orkney die Brennerei Highland Park, die mit ihren ausgewogenen Torf-, Heidehonig- und leicht fruchtigen Noten ihren Ruf als große Allrounderin verdient. Orkneys zweite Brennerei, Scapa, ist leichter mit Fruchtigkeit und frischer malziger Süße. Tobermory, die einzige Brennerei auf Mull, produziert zwei Single Malts: nicht torfig, dafür mit einem leicht öligen Geschmack nach Korn; Ledaig, sein torfiger Bruder, ist rauchig, ölig und erinnert an Bücklinge. Juras gleichnamiger Malt Whisky ist ebenfalls ölig, mit Kiefernharz, Orangenschale und Nüssen, während der Malt Whisky von Arran mit seinen küstennahen Noten einem leichten Speyside vergleichbar ist. Die jüngsten Inselbrennereien sind: Abhainn Dearg auf Lewis, eine kleine Ein-Mann-Brennerei, und Isle of Harris auf der gleichnamigen Insel, ein Gemeinschaftsprojekt, das auch Gin produziert. Der Whisky von der Isle of Harris ist allerdings noch nicht im Handel.

3-SEKUNDEN-SCHLUCK
Insgesamt sind die Malt Whiskys der Inseln alle durch eine küstennahe Frische und Lebendigkeit geprägt; einige fallen eher torfig, einige köstlich und einige leicht und fruchtig aus.

3-MINUTEN-DESTILLATION
Die natürliche Romantik der schottischen Inseln hat das Interesse der neuen Brennereien geweckt, die auf Bute, Barra, Shetland, Skye und Arran Brennereien planen oder schon bauen. Historisch gesehen lagen alle Brennereien in der Nähe der Küste, da der Seeweg die einzige Möglichkeit war, Fässer zu transportieren. So kam es zu der Einschätzung, die Küstenlage präge den Charakter ihrer Whiskys. Obwohl der Geschmack unbestreitbar anregend ist, wird diese Behauptung bis heute kontrovers diskutiert.

VERWANDTE THEMEN
TERROIR
Seite 72

ISLAY
Seite 88

30-SEKUNDEN-TEXT
Angus MacRaild

Talisker von der Isle of Skye und Jura von der gleichnamigen Insel sind zwei der bekanntesten Whiskys, die auf den Inneren Hebriden gebrannt werden.

NATIONALE UNTERSCHIEDE

NATIONALE UNTERSCHIEDE
GLOSSAR

Congeners Aroma- oder Geschmacksstoffe, die den unverwechselbaren Charakter einer Spirituose oder eines Weines ausmachen.

Dreifachdestillation Die dreifache Destillation, bei der die »Low Wines« aus der Wash Still in zwei weiteren Brennblasen destilliert werden, wird heute nur noch in den Brennereien von Auchentoshan, Annandale und Springbank angewandt. Diese Praxis war vor allem in den Lowlands weit verbreitet.

Fillings Blender füllen Spirituosen, die sie für ihre Blends benötigen, traditionell in eigene Fässer, die zu den Brennereien gebracht, dort befüllt und wieder zurückgebracht werden. Da die Spirituose bis zum Alter von drei Jahren nicht Whisky genannt werden darf, wird sie als Filling bezeichnet.

Fuselöle Eine Mischung aus mehreren Alkoholen (hauptsächlich Amylalkohol), die als Nebenprodukt der Gärung entstehen. Das Wort stammt vom deutschen Fusel und bedeutet »schlechter Branntwein«.

Hanyu-Kartenserie Ichiro Akuto, dessen Familie seit 1625 Alkoholika herstellt (Sake, dann Shochu), eröffnete in den 1940er-Jahren eine Whiskybrennerei in der Industriestadt Hanyu auf Honshu, der südlichen Insel Japans. Leider brach der Whiskymarkt in Japan 2000 zusammen; Hanyu musste geschlossen werden, sodass Akuto-San mit 400 Fässern reifendem Whisky dastand. Er begann, den abgefüllten Whisky mit Spielkarten-Etiketten zu versehen. Ein vollständiger Satz (54 Karten, einschließlich zwei seltener Joker) wurde 2015 in Hong Kong für 371 483 Pfund verkauft.

Kentucky Bourbon Festival Ein jährlich im Herbst stattfindendes Festival in Bardstown. Es begann 1992 als einfaches Dinner mit Bourbon-Verkostung, das mittlerweile über 50 000 Menschen aus einem Dutzend Länder anzieht, die an mehr als 30 Veranstaltungen teilnehmen. Zu weiteren Städten in Kentucky mit einem starken Bezug zu Bourbon gehören Louisville, die Hauptstadt des Bundesstaates, sowie Frankfort und Lawrenceburg.

Kentucky Derby Ein jährliches Pferderennen für dreijährige Vollblüter in Louisville, Kentucky. Das erstmals 1875 veranstaltete Pferderennen ist das älteste in den USA.

Kohlefiltration Einige Whiskys wie Jack Daniel's werden durch Ahornholzkohle gefiltert. Auch die Wodkaproduktion nutzt häufig dieses Verfahren.

Küferei In einer Küferei werden Fässer gebaut oder repariert. Früher unterhielten die Brennereien eigene Küfereien. Heute setzen sie meist auf Lieferanten. Neunzig Prozent aller neuen Scotchfässer stammen aus amerikanischer, zehn Prozent aus spanischer Produktion.

Mizunara-Reifung Die Japanische Eiche (*Quercus mongolica*) ist auch als Mizunara-Eiche bekannt. Ihr Holz wird, wenn auch selten, seit den 1930er-Jahren von der japanischen Whiskyindustrie benutzt und gibt dem Whisky einen unvergleichlichen Geschmack. Das Holz enthält extrem hohe Mengen an Vanillin, ist aber weich und sehr porös, was die Fässer aus Mizunara-Eiche für Undichtigkeiten und Beschädigungen anfällig macht. Daher wird der meiste japanische Whisky entweder in amerikanischer (*Q. alba*) oder europäischer Eiche (*Q. robur*) gereift und dann in Mizunara-Fässer umgefüllt, um deren typischen Geschmack anzunehmen. Yamazaki ist ein erschwingliches Gewürz mit Zimtaromen, wie es für die japanische Eiche charakteristisch ist.

New Make Die farblose Spirituose, die aus der Brennblase läuft, darf sich nicht Whisk(e)y nennen, solange sie nicht mindestens drei Jahre gereift ist. Es ist einfach eine neue Spirituose (New Make), die auch Filling genannt wird (siehe oben).

Rack / Re-rack »To rack« bedeutet wörtlich, Wein, Bier oder Whisky von den Ablagerungen zu reinigen, die sich im Fass angesammelt haben. Das »Re-racking« von Whisky geschieht durch Umfüllen der Spirituose in ein anderes Fass, meist ein ehemaliges Weinfass.

Taketsuru-Abfüllungen Masataka Taketsuru ist der Vater des japanischen Whiskys. Der nach ihm benannte Whisky ist ein Blended Malt Whisky von Nikka, der in einer Version ohne Altersangabe sowie in 17, 21 und sogar 25 Jahre alten Varianten auf den Markt kam. Er enthält einen hohen Anteil an Malz aus Miyagikyo, während der Rest aus Yoichi stammt. Durchschnittlich ist er etwa zehn Jahre in den verschiedensten Fässern gereift, darunter auch in einigen früheren Sherryfässern.

Worm Tub Bis in die 1950er-Jahre kondensierten die meisten schottischen Malzbrennereien ihre Spirituosen in Worm Tubs, die sich meist außerhalb der eigentlichen Destillerie befanden. Das Brennrohr – ein Kupferrohr, das den Kopf der Brennblase mit dem Kondensator verbindet – verläuft durch einen Behälter mit kaltem Wasser (Tub), in dem es sich, spiralförmig gewickelt, zunehmend verjüngt (Worm). Da das Destillat in Worm Tubs weniger Kontakt mit Kupfer hat, wird damit eine schwerere Spirituose erzeugt. Mittlerweile wurden Worm Tubs weitgehend durch Bündelrohr-Kondensatoren ersetzt.

IRLAND
Die 30-Sekunden-Spirituose

Irish Whiskey ist reich an Varian-

ten. Neben vielen erprobten Regeln, die den Namen schützen – etwa die dreifache Destillation –, gibt es zunehmend Ausnahmen, und da das Angebot immer weiter zunimmt, sind die Abweichler leise zu Trendsettern geworden, was nicht heißen soll, dass sie die klassische Variante verraten hätten. Es gibt drei sich teilweise überschneidende irische Whiskeyszenen. Zur ersten gehören die superweichen Sorten, die Sie am ehesten kennen werden – Jameson und Tullamore Dew gehören hier mit sanften Blends und fruchtigen Single Malts dazu: aufgeschlossen, zart und sauber. Die zweite ist modern, experimentell und bemüht, sich von der erstgenannten zu unterscheiden – rauchige Malts, Cabernet-farbige Single Grains und sogar Blends, die in Fässern reifen, die mit Irish Stout gewürzt sind, das wiederum in Fässern reifte, die zuvor mit Irish Whiskey gefüllt waren ... hierzu gehört etwa Dublins Teeling Small Batch. Und es gibt eine dritte Szene: Ölig, vollmundig und weit älter als die Weichen oder Experimentellen, erinnern diese angesagten »Single Pot Still«-Schwergewichte an die Art von Irish Whiskey, die einst viktorianische Gläser füllte. Aus einer Mischung von gemälzter und roher »grüner« Gerste (und historisch auch anderen rohen Körnern) waren die schaumigen Gewürzbomben wie Redbreast und Green Spot einst eindeutig die irischen Schwestern des angesehenen Single Malt.

3-SEKUNDEN-SCHLUCK
Wie beim Scotch gibt es beim Irish Whiskey Malts, Blends und Single Grains, aber sein typischster Stil ist der Single Pot Still.

3-MINUTEN-DESTILLATION
Irish Single Pot Whiskey wird aus einer Mischung aus gemälztem und rohem, »grünem« Gerstenmalz destilliert und ist für seine ölige Struktur und Ingwerwürze bekannt. Dieser Stil enthält eine komplexe Struktur, sodass ein Schluck genügend groß ausfallen muss, um ein Gefühl für die viskosen Öle und harzigen Gewürze zu bekommen. Öffnen Sie Ihren Mund und atmen Sie, ohne zu schlucken, aus, um die Geschmacksexplosion der grünen Gerstenwürze erleben zu können. Bei aller Vielfalt wird Sie ein irischer Geschmack nie wieder irritieren.

VERWANDTES THEMA
IRISH WHISKEY
Seite 34

3-SEKUNDEN-BIOGRAFIE
BARRY CROCKETT
1948–
Meisterbrenner von Jameson, der Single Pot Still Whiskeys am Leben erhielt, als sie in den 1980er- und 1990er-Jahren beinahe durch Blends verdrängt worden wären.

30-SEKUNDEN-TEXT
Fionnán O'Connor

Heute gibt es drei verschiedene irische Whiskeyszenen, die von sanft und fruchtig über ölig und vollmundig bis hin zu rauchig und experimentell reichen.

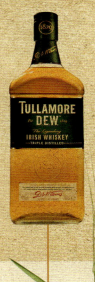

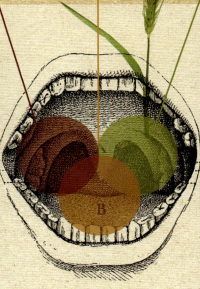

BOURBON
Die 30-Sekunden-Spirituose

Über die Anfänge des Bourbons

wird spekuliert. Bardstown in Kentucky beruft sich auf eine Whiskey-Geschichte, die bis 1776 zurückreicht, und hat sich den Namen »Welthauptstadt des Bourbon« schützen lassen. Einer jüngeren Legende zufolge wurde die Spirituose erstmals von dem Baptistenprediger Elijah Craig hergestellt, der im benachbarten Scott County brannte und sein Produkt in verkohlten Weißeichenfässern reifen ließ, die ihm eine volle Farbe und einen süßen Geschmack gaben und vom Zucker des Holzes herrühren sollen. Anders als Rye Whiskey muss Bourbon mindestens 51 Prozent Mais enthalten, und so überrascht es wenig, dass Kentucky und seine Nachbarstaaten teilweise auf einer Kalksteinschicht liegen, deren Böden für den Anbau von hochwertigem Mais ideal sind. Kalkstein sorgt auch für reines Quellwasser, frei von unerwünschten Mineralien, dennoch calciumhaltig, was die Enzymaktivität während des Gärungsprozesses unterstützt. Bourbon wird entweder in einer Column Still oder einer Kombination von Pot und Column Stills produziert. Woodford Reserve ist der einzige Bourbon weltweit, der in drei kupfernen Pot Stills dreifach destilliert wird. Ein sogenannter Straight Bourbon muss mindestens zwei Jahre reifen. Die weltweit bestverkaufte Bourbon-Marke ist Jim Beam; zu den anderen hochkarätigen Konkurrenten gehören Buffalo Trace, Evan Williams, Four Roses, Maker's Mark, Wild Turkey und Woodford Reserve.

3-SEKUNDEN-SCHLUCK
Kentucky ist die jahrhundertealte Hochburg des Bourbon und beherbergt viele der großen Brennereien.

3-MINUTEN-DESTILLATION
Der Bourbon Whiskey hat seinen Namen vom Bourbon County in Kentucky. Der Bezirk selbst wurde nach der französischen Königsfamilie der Bourbonen benannt – zum Zeichen der Dankbarkeit für die Hilfe der Franzosen während des Revolutionskrieges gegen Großbritannien. Whiskeyliebhaber sind auch für das einwöchige Kentucky Bourbon Festival dankbar, das jeden Herbst in Bardstown stattfindet. Bourbon ist auch am jährlichen Kentucky Derby ein beliebter Drink.

VERWANDTE THEMEN
AMERICAN WHISKEY
Seite 36

KONTINUIERLICHES DESTILLIEREN
Seite 60

TENNESSEE WHISKEY
Seite 100

3-SEKUNDEN-BIOGRAFIEN
ELIJAH CRAIG
ca. 1738–1808
In Virginia geborener Baptistenprediger, der um 1789 eine Brennerei gründete.

JOHN RITCHIE
1752–1812
In Schottland geborener Brenner aus Kentucky; auch er ist Anwärter auf den Titel »Vater des Bourbon«.

BILL SAMUELS JUN.
1941–
Amerikanischer Bourbon-Brenner der siebten Generation, der den Maker's Mark kreierte.

30-SEKUNDEN-TEXT
Gavin D. Smith

Jim Beam, hergestellt in Clermont, Kentucky, ist eine der beliebtesten Bourbon-Marken.

TENNESSEE WHISKEY

Die 30-Sekunden-Spirituose

Die Destillation in Tennessee

kann mindestens bis ins 18. Jahrhundert zurückverfolgt werden, und angeblich sollen in diesem Bundesstaat im späten 19. Jahrhundert nicht weniger als 700 Brennereien tätig gewesen sein. Wie ihre Verwandtschaft in Kentucky fielen die Destillerien des Tennessee Whiskey der Prohibition zum Opfer – mit dem Unterschied, dass ihre Probleme früher begannen, da Tennessee bereits 1910 für »trocken« erklärt wurde. Erst 28 Jahre später erlebte die Produktion mit der Wiedereröffnung von nur zwei Brennereien eine Renaissance – die von Jack Daniel und die von George Dickel, die allerdings erst 25 Jahre nach Aufhebung der Prohibition eröffnete. Tennessee Whiskey setzt sich wie Bourbon zusammen (das Gesetz schreibt beiden mindestens 51 Prozent Mais vor) und muss in neuen, ausgeflämmten Eichenfässern reifen. Nach eigener Definition muss Tennessee Whiskey seit 1941 im Gegensatz zum Bourbon durch Holzkohle gefiltert werden. Dieses Verfahren wurde angeblich 1825 von Alfred Eaton aus Tullahoma in der Nähe der Dickel-Brennerei entwickelt; andere Quellen behaupten, dass die Kohlefiltration bereits ein Jahrzehnt zuvor praktiziert wurde. Die dicke Schicht aus Ahornholzkohle, durch die der Whiskey sickert, soll die Spirituose versüßen und weicher machen, indem sie einige bei der Destillation entstandene Nebenprodukte entfernt, die als Fuselöle und Congeners bekannt sind.

3-SEKUNDEN-SCHLUCK
Neben Kentucky gilt Tennessee als das bedeutendste Destillationszentrum Amerikas; es ist die Heimat des meistverkauften Whiskeys weltweit, Jack Daniels.

3-MINUTEN-DESTILLATION
Die Kohlefiltration ist als Lincoln-County-Verfahren bekannt, da es dort entwickelt wurde. Erst 2013 erhielt der Tennessee Whiskey erstmals eine gesetzliche Definition. Ironischerweise musste für die Pritchard-Brennerei, die 1997 gegründet wurde, eine Sondergenehmigung erteilt werden, da sie trotz ihres Standortes in Lincoln County das Lincoln-County-Verfahren nie verwendete. Das Gesetz erlaubt zwei Rechtschreibungen – Whisky (von George Dickel bevorzugt) und Whiskey (von Jack Daniels genutzt).

VERWANDTE THEMEN
AMERICAN WHISKEY
Seite 36

PROHIBITION
Seite 40

BOURBON
Seite 98

3-SEKUNDEN-BIOGRAFIEN
GEORGE DICKEL
1818–94
In Deutschland geboren, kam er 1844 in die USA, wo er zunächst mit Alkohol handelte und sich schließlich an der Cascade-Hollow-Brennerei beteiligte, deren Whisky seinen Namen trägt.

JACK DANIEL
1849–1911
Gründer der Brennerei Jack Daniel's, die er an seinem Geburtsort, Lynchburg, Tennessee, errichtete.

30-SEKUNDEN-TEXT
Gavin D. Smith

George Dickel und Jack Daniel's sind die beiden großen Marken des Tennessee Whiskey.

KANADA

Die 30-Sekunden-Spirituose

Trotz Kanadas Größe gibt es keine regionalen Whiskystile. Drei Whiskys aus Alberta – Black Velvet, Highwood und Alberta Distillers – unterscheiden sich untereinander stärker als vom Manitobas Crown Royal, der 1200 Kilometer weiter im Osten gebrannt wird, oder vom Ontarios Forty Creek, Wiser's, Collingwood, Gibson's oder Canadian Club, die drei Provinzen entfernt zu Hause sind. Zu einem Karamellbonbon mit Pfeffer auf der Zunge und einer frischen Note von Grapefruitschalen fügt jede Marke fruchtige, würzige, pflanzliche oder blumige Aromen hinzu. Die Grundspirituose aus Mais (manchmal auch aus Weizen oder Roggen), die in hoch aufragenden Column Stills mit hohem ALC destilliert wird, reift in benutzten Fässern, in denen die Luft den Alkohol langsam in komplexe Aromen verwandelt, was in neuen Fässern unmöglich wäre. Aromatische Spirituosen aus Roggen, Weizen, Mais oder Gerste, die in kurzen Column und Pot Stills mit niedrigem ALC destilliert werden, reifen in gebrauchten oder neuen Fässern, was die Aromen des Getreides, der Hefe und des Holzes unterstreicht. Blender mischen Whiskys beider Gruppen, um den komplexen Canadian Whisky zu kreieren, der kurz »Rye« genannt wird. In den 1970er-Jahren, als viele Brennereien zu Konzernen gehörten, stammten die Zutaten der Blends aus verschiedenen Destillerien, was heute nur noch selten vorkommt. Die meisten, wenn auch nicht alle, produzieren Canadian Whisky als Single Distillery Blends.

3-SEKUNDEN-SCHLUCK
Der Canadian Whisky braucht einen trockenen Humor – trotz seines Spitznamens »Rye« variieren seine Aromen sehr stark, wie eine wachsende Zahl von Kennern widerwillig bezeugen wird.

3-MINUTEN-DESTILLATION
Mehr Lagerfeuergeschichten als Tatsachen beschreiben den Canadian Whisky. Wenn auf dem Etikett Canadian Whisky steht, kann er Reste von Wein oder anderen Spirituosen enthalten, niemals aber von neutralen Spirituosen, Fruchtsaft, Ahornsirup oder anderen Zusätzen. Stattdessen wird ein Schuss Rye Whisky zum Aromatisieren eines Whiskys benutzt, der traditionell immer aus anderen Getreidesorten hergestellt wird.

VERWANDTE THEMEN
SCOTCH ODER NICHT?
Seite 18

CANADIAN WHISKY
Seite 42

3-SEKUNDEN-BIOGRAFIEN
SAMUEL BRONFMAN
1889–1971
Ein armer bessarabischer Einwanderer, der mit Einnahmen aus der Prohibition das globale Imperium von Seagram gründete, was ihn daran hinderte, einen Platz im Kanadischen Senat zu besetzen.

JOHN K. HALL
1949–
Whiskyhersteller der ersten Generation, der die Brennerei Forty Creek neu begründete und die Renaissance des Canadian Whiskys im 21. Jahrhundert einleitete.

30-SEKUNDEN-TEXT
Davin de Kergommeaux

Kanadische Whiskys sind meist Single Distillery Blends, von denen Crown Royal und Canadian Club die bekanntesten sind.

JAPAN
Die 30-Sekunden-Spirituose

Japans Whiskygeschichte begann

1923 mit der ersten Single-Malt-Brennerei, Yamazaki –, heute der meistverkaufte japanische Single Malt und im Besitz von Suntory. Süß, zugänglich, mit subtilem Weihrauch-Aroma und einer Zimtnote, typisch für die umsichtige *Mizunara*-Reifung (japanische Eiche) – Yamazaki verfügt über sechs Pot Stills in verschiedenen Größen, zwei Formen von Gärkesseln und fünf Fassarten, sodass die Brennerei potenziell 60 verschiedene Spirituosen herstellen kann. Hakushu, im Besitz der gleichen Firma, ist leicht rauchig; die Spirituosen werden mit oder ohne Torf destilliert und dann geblendet. Yamazaki und Hakushu lassen sich mit Chita Grain hervorragend zum einzigartigen Hibiki (Harmonie) Blend kombinieren. Einige der Whiskys im 12-jährigen Blend reifen in Pflaumenweinfässern. Yoichi, im Besitz des Suntory-Konkurrenten Nikka, dürfte unter den japanischen Brennereien am ehesten schottischen Traditionen folgen – die Brennblasen werden mit Kohle befeuert, und die Worm Tubs tragen zum schweren, öligen Whisky bei. Wie immer steckt viel Raffinesse in den Spirituosen, die mit oder ohne Torf, mit verschiedenen Hefestämmen und in Brennblasen diverser Formen und Größen destilliert werden. Miyagikyo stellt leichten, duftenden Single Malt und Grain Whisky her, die sich gut ergänzen. Mit dem kräftigeren Yoichi ergeben sich Nikkas Weltklasse-Blends wie der attraktiv präsentierte »Whisky from the Barrel« oder die großartigen Taketsuru-Abfüllungen.

3-SEKUNDEN-SCHLUCK
Anders als Schottland hat Japan keine Blender, die New Makes (Fillings) verschneiden. Stattdessen mussten die Produzenten ihr Können dadurch beweisen, dass sie verschiedene Single Malts herstellten.

3-MINUTEN-DESTILLATION
Als die von seinem Großvater aufgebaute Brennerei abgerissen wurde, rettete Ichiro Akuto die letzten 400 Fässer. Der Whisky wurde mittels Re-racking in so viele verschiedene Fasstypen umgefüllt, wie Ichiro beschaffen konnte, woraus die berühmte Hanyu-Kartenserie entstand. Ichiro unterhält heute eine Küferei in seiner kleinen, aber perfekt gestalteten Chichibu-Brennerei. Sein Küfer baut *Chibidaru*-Fässer (kleine Fässer), um die Reifung von Ichiros außergewöhnlich jugendlichem Single Malt zu gewährleisten.

VERWANDTE THEMEN
JAPANISCHER WHISKY
Seite 44

MASATAKA TAKETSURU
Seite 106

3-SEKUNDEN-BIOGRAFIEN
SHINJIRO TORII
1879–1962
Japanischer Pharma-Großhändler, der das Getränkeunternehmen Suntory gründete, das zum drittgrößten Spirituosenhersteller der Welt wurde.

ICHIRO AKUTO
1965–
Japanischer Brenner von handwerklichen Single Malts, Gründer der Chichibu-Brennerei.

30-SEKUNDEN-TEXT
Marcin Miller

Yamazaki war Japans erste Brennerei. 2007 gründete Ichiro Akuto die Chichibu Brennerei.

20. Juni 1894
Geboren in Takehara, Hiroshima, Japan

1918
Im Dezember Ankunft in Schottland

1919
Ausbildung bei Longmorn (April) und Bo'ness (Juli)

1920
Heirat mit Jessie Roberta „Rita" Cowan am 8. Januar

1920
Im Mai Ausbildung bei Hazelburn in Campbeltown

1920
Im November Rückkehr nach Japan

1923
Im Juni Beginn der Arbeit für Shinjiro Torii

1924
Gründung der Yamazaki-Brennerei, Fertigstellung am 11. November

1934
Im Juli Gründung der Dai Nippon Kaiju (die später Nikka wird) in Yoichi

1940
Im Oktober Verkaufsbeginn des ersten Nikka-Whiskys

1961
Im Januar Tod von Rita

1969
Im Mai Bau der Sendai-Brennerei

29. August 1979
Tod mit 85 Jahren

Nationale Unterschiede

MASATAKA TAKETSURU

Über wenige Whiskybrenner ist eine Fernsehserie gedreht worden, doch *Massan* ist eine 150-teilige Serie (Erstausstrahlung im September 2014), die sich 50 Jahren im außergewöhnlichen Leben von Taketsuru widmet. Taketsuru, Ende des 19. Jahrhunderts in einer Familie von Sakebrauern geboren, reiste nach dem Ersten Weltkrieg nach Schottland und schrieb sich an der Universität von Glasgow für Vorlesungen der organischen Chemie ein. Er lernte, Whisky herzustellen, fand aber auch Zeit, Rita Cowan den Hof zu machen und sie zu heiraten, eine Frau, deren Leben vielleicht noch ungewöhnlicher war als das ihres Mannes, da sie zu einer Zeit grundsätzlichen Misstrauens gegenüber Fremden über 40 Jahre in Japan lebte.

Während seiner Zeit in Schottland absolvierte Taketsuru bei den Brennereien Longmorn, Bo'ness und Hazelburn Ausbildungen; zuletzt lebte er mit Rita in Campbeltown. Die Kenntnisse und Erfahrungen, die er aus erster Hand in Schottland erlangte, bildeten die Grundlage der japanischen Whiskyindustrie, sodass Taketsuru zu Recht als deren Vater angesehen wird. Seine Rückkehr nach Japan fällt ungefähr mit dem Wunsch von Shinjiro Torii (Gründer von Suntory, dem größten Getränkeunternehmen in Japan) zusammem, die erste »richtige« Whiskybrennerei Japans zu errichten. Torii hatte die Mittel, Taketsuru die notwendigen Kenntnisse. Ein 10-Jahres-Vertrag wurde geschlossen, und Taketsuru begann als Manager mit Planung und Bau der Yamazaki-Brennerei. Auch wenn Taketsuru Hokkaido als Standort vorgeschlagen hatte, entschied sich Torii für den Vorteil eines 16 Kilometer von Kyoto entfernten Standorts.

Im Alter von 40 Jahren erfüllte sich Taketsuru seinen Traum, an der nördlichsten Spitze von Hokkaido seine eigene Firma zu gründen und die Yoichi-Brennerei zu errichten. Bis hin zur abgelegenen Lage ähnelt sie einer attraktiven schottischen Highland-Brennerei. Taketsurus Vision war die Produktion von Whisky nach schottischem Vorbild. Über Jahre hatten japanische Chemiker (einschließlich Taketsuru selbst) billige Kopien westlicher Spirituosen gemacht; nun aber strebte Taketsuru bei der Schaffung von Whiskys nach traditionellem schottischem Vorbild nach Vollkommenheit. Sein ganzes Arbeitsleben widmete er diesem Ziel – trotz aller Hindernisse wie etwa der Rohstoffknappheit während des Zweiten Weltkriegs.

Taketsurus akribische Sorgfalt und seine Liebe zum Detail stehen im Mittelpunkt des weltweiten Erfolgs des japanischen Whiskys. Bezeichnenderweise werden die einzelnen Malts, die in den zwei Brennereien von Nikka produziert werden, miteinander kombiniert, um den Taketsuru zu kreieren. Der 17 Jahre alte Taketsuru wurde 2015 zum besten Blended Malt der Welt gekürt.

Marcin Miller

ASIEN, AUSTRALIEN & NEUSEELAND
Die 30-Sekunden-Spirituose

Die Whiskywelt wird größer, und nach Japan werden die nächsten großen Herausforderer von Scotch, Irish oder Bourbon wohl Indien und vielleicht auch Taiwan sein. Indien produziert Single Malts mit Gerste, die in Amrut an den Ausläufern des Himalaya angebaut wird, und lässt seine Spirituosen in Bangalore (1000 Meter über dem Meeresspiegel) unter tropischen Bedingungen, weitgehend in ehemaligen Bourbon-Fässern, reifen. An Goas unsagbar schöner tropischer Küste finden Himalaya-Gerste, traditionelle Pot Stills und warme Temperaturen zusammen, um die sehr guten, unverwechselbaren Single Malts von Paul John zu produzieren. Und 2015 schrieb ein Whisky aus Taiwan Geschichte, als er zum besten Single Malt gekürt wurde: Kavalan, 2006 gegründet, ist die erste subtropische Whiskybrennerei und damit der einzige taiwanesische Player am internationalen Whiskymarkt, dem die hohen Temperaturen der Heimat zu schnellerer Reifung und höherer Aromenkonzentration verhelfen. Das ist bemerkenswert, weil Altersangaben zu verblassen beginnen und die Zahl der Jahre, die ein Fass zur Reifung braucht, zweitrangig wird. Dieser Triumph ist kein Einzelfall, sondern Beweis für einen Trend, in dem neben den historischen Malt Whisky-Häusern Schottlands, Irlands und Nordamerikas Whiskys unabhängig von den Klimazonen und Breitengraden ihrer Herkunft immer besser werden.

3-SEKUNDEN-SCHLUCK
Etwas pauschal gesagt: Anders als bei den klassischen Whisk(e)y-Häusern ist diesen Destillerien gemeinsam, auf keine Tradition Rücksicht nehmen zu müssen.

3-MINUTEN-DESTILLATION
Beschleunigte Alterung könnte zum Markenzeichen der Neulinge auf der Weltbühne des Whiskys werden: Die Lark-Brennerei in der Nähe von Hobart, Tasmanien, seit 150 Jahren die einzige lizenzierte Brennerei der Insel, produziert aus lokaler tasmanischer Gerste einen Classic Cask Single Malt, der in 100-Liter-Fässern rasch reift (in kleineren Fässern kommen Spirituosen schneller mit dem Holz in Kontakt, was zu kürzeren Reifezeiten führt).

VERWANDTES THEMA
JAPAN
Seite 104

30-SEKUNDEN-TEXT
Marcin Miller

Asien, Australien und Neuseeland sind die Heimat einer Reihe neuer Single-Malt-Marken, darunter Lark aus Tasmanien oder Paul John und Amrut, beide aus Indien.

ANDERE WHISKYS DER WELT

Die 30-Sekunden-Spirituose

Nicht nur in den großen Fünf

(Schottland, Irland, USA, Kanada und Japan), sondern in vielen Getreideanbaugebieten aller Kontinente und Klimazonen wird Whisky gebrannt. Wales hat die Penderyn-Brennerei und England die von St George, Adnams und Lakes. Seit Mitte der 1990er-Jahre wird Whisky in ganz Europa aus verschiedenen Getreidearten (Roggen, Dinkel, Buchweizen, Gerste) hergestellt, besonders als Kleinproduktionen für den lokalen Verbrauch, wie Blaue Maus aus Deutschland, Roggenreith aus Österreich, seit Kurzem Puni aus Italien und Flóki aus Island. Whiskys, hauptsächlich Malt Whiskys, die internationale Anerkennung erhalten, werden in Belgien (Belgian Owl, Goldlys), Dänemark (Braunstein, Stauning, Fary Lochan), Finnland (Teerenpeli), Frankreich (Glann ar Mor, Armorik), den Niederlanden (Millstone, Frysk Hynder), Spanien (DYC), Schweden (Mackmyra, Hven, Box) und der Schweiz (Säntis) hergestellt. Und einige sind Preisträger, etwa der deutsche Slyrs, der niederländische Millstone und der innovative schwedische Mackmyra, die den Whisky in verschiedenen Fässern, darunter ehemaligen Preiselbeerweinfässern, reifen lassen. China plant die Wenzhou-Brennerei, Russland baut eine nahe St. Petersburg. Auch Südamerika ist mit Union Distillery in Brasilien und La Alazana Distillery in Argentinien auf der Karte der Malt Whiskys vertreten, während die südafrikanische Distell Company Single Malt und Grain Whiskys produziert: Three Ships und Bain's.

3-SEKUNDEN-SCHLUCK
Whisky wird heute weltweit an Orten mit einem ausreichenden Angebot an Getreide, reinem Wasser, Hefe und Strom hergestellt.

3-MINUTEN-DESTILLATION
Einige osteuropäische Länder behaupten, Whisky zu produzieren, kaufen ihn aber anderswo ein, um ihn lokal abzufüllen, wie etwa Black Ram aus Bulgarien. Die Tschechische Republik ist vielleicht die Ausnahme – die Gold-Cock-Brennerei rühmt sich, seit 1877 einen gleichnamigen Whisky zu produzieren. Die Spirituose ist in zwei Versionen erhältlich, aber außerhalb Tschechiens selten zu finden. Die Türkei brannte den Tekel-Whisky in einem von der Regierung kontrollierten Umfeld (Tekel bedeutet im Türkischen »Monopol«).

VERWANDTES THEMA
ASIEN, AUSTRALIEN & NEUSEELAND
Seite 108

30-SEKUNDEN-TEXT
Hans Offringa

Whisky wird heute in vielen Ländern produziert, vor allem – dies gilt zumindest für Europa – in denjenigen, die eine Tradition im Destillieren von Brandys, Aquavit und Wodka haben.

DIE WHISKY-BRANCHE

DIE WHISKY-BRANCHE
GLOSSAR

Altersangabe Wenn auf dem Etikett das Alter eines Whiskys angegeben wird, ist dies der minimale Zeitraum, über den er gereift ist. Sobald er mit einem bestimmten Alter abgefüllt wird, behält er dieses Alter. Ein zehn Jahre alter Whisky, der 1960 in Flaschen abgefüllt wird, ist und bleibt ein zehnjähriger Whisky. Ältere Altersangaben sind in der Regel seltener und unter Sammlern und Investoren begehrt. Als dieses Buch 2015 geschrieben wurde, war ein 75-jähriger Scotch Whisky der älteste, der je in Flaschen abgefüllt wurde. Dieser besondere Whisky reifte über erstaunliche 75 Jahre in einem Eichenfass. Heute ist er in einer Flasche und wird, egal wann er getrunken wird, für immer ein 75-Jähriger sein.

Blair Castle Der Sitz der Dukes of Atholl ist auch das Hauptquartier der Keepers of the Quaich, des renommiertesten Klubs der Whiskyindustrie. Der 1988 gegründete Klub dient zur Ehrung von Personen, die sich um Ansehen und Erfolg von Scotch Whisky verdient gemacht haben.

Destillationsdatum/Vintage Dies ist das Datum, an dem ein Whisky destilliert wurde. In den meisten Fällen wird die Vintage nicht deklariert; geschieht dies doch, muss jeder für die Flasche verwendete Whisky aus demselben Jahr stammen. Bei einer kleinen Anzahl von Abfüllungen (vor allem Einzelfass- oder stark limitierten Abfüllungen) wird das Datum mit Tag, Monat und Jahr angegeben. Ein alter Jahrgang kann dennoch ein junger Whisky sein: Ein Whisky, der 1950 gebrannt wurde, könnte als 10-jähriger abgefüllt worden sein, also nachdem er ein Jahrzehnt im Fass gereift war. Sobald Whisky mit einem bestimmten Alter abgefüllt wird, behält er für immer dieses Alter; siehe Altersangabe.

Fassstärke Buchstäblich die Stärke des Whiskys, wenn er unverdünnt abgefüllt wird, typischerweise zwischen 50 und 60 % vol. Die Fässer werden traditionell mit 63,5 % vol. (111° Proof) gefüllt; während des Reifungsprozesses verliert der Whisky Alkohol und wird üblicherweise mit 40 oder 43 % vol. in Flaschen abgefüllt. Die Fassstärke ist gesetzlich nicht festgelegt; der Begriff wird manchmal schlichtweg benutzt, um einen hochprozentigen Whisky zu beschreiben.

Kühlfiltration Wenn der hochprozentige Whisky gekühlt wird, können seine fetthaltigen Verbindungen oder Lipide ausfällen und die Spirituose leicht eintrüben. Dies wirkt auf die Konsumenten abschreckend, sodass der Whisky meistens in der Abfüllanlage »poliert« wird, indem er auf eine Temperatur in der Nähe des Gefrierpunktes heruntergekühlt und durch einen Filter gedrückt wird, der die Lipide entfernt. Kenner wissen jedoch um die große Bedeutung dieser Stoffe für Geschmack und Struktur und schätzen ihren Whisky ungefiltert.

La Maison du Whisky Das führende französische Geschäft wurde 1956 in Paris von Georges Benitah gegründet und wird heute von seinem Sohn Thierry geführt.

NAS-Sorten Whiskys, deren Altersangabe nicht deklariert ist, sind NAS-Abfüllungen (»No Age Statement«). Der Begriff »Sorte« beschreibt jede Form der Abfüllung – wenn etwa ein einzelner Malt Whisky mit NAS, 12, 18, 21 oder 25 Jahre, mit Angabe der Fassstärke oder des Wein-Finishings abgefüllt wird, sind sieben Sorten lieferbar.

Patent Still siehe Eintrag »Column Still« im Glossar zu Kap. 2.

Quaich Abgeleitet von *cuach*, dem Gälischen für »Tasse«, ein flaches Trinkgefäß mit zwei oder mehr Handgriffen. Die Form geht angeblich auf eine Jakobsmuschel zurück. Frühe Quaichs wurden aus Holz gemacht und später mit Silberbändern verziert. Heute sind die meisten aus Silber oder Zinn.

Stille Brennerei Eine Brennerei, die vorübergehend geschlossen oder stillgelegt wurde, aber die Produktion wieder aufnehmen könnte.

Under bond Whisky, der in einem Freilager aufbewahrt oder versandt wurde, bevor die Verbrauchssteuer entrichtet worden war.

Vatting Das Mischen von Whiskys, typischerweise von Malt Whiskys aus verschiedenen Brennereien, das einen Vatted Malt, Pure Malt oder Straight Malt ergibt. Aufgrund des schottischen Whiskygesetzes von 2009 wurden diese Begriffe durch Blended Malt ersetzt.

Vertikales Tasting Ein Tasting (Verkostung) von mehreren, verschieden alten Sorten des gleichen Whiskys.

Wein-Finishing Der Whisky wird für die letzten ein oder zwei Jahre seiner Reifung in ein Fass umgefüllt, das früher Wein enthielt (meist Portwein oder Oloroso Sherry).

BLENDING-BETRIEBE
Die 30-Sekunden-Spirituose

3-SEKUNDEN-SCHLUCK
Durch Blending (Mischen) diverser Whiskys entsteht ein konsistentes Produkt, das im großen Stil als Marke vertrieben werden kann. Blending machte die moderne Whiskyindustrie erst möglich.

3-MINUTEN-DESTILLATION
Vor den 1880er-Jahren wurde sowohl in Schottland als auch in England zwischen drei- und fünfmal mehr Irish Whiskey verkauft als Scotch, da er als leichter und beständiger galt. Die führenden Hersteller von Irish Whiskey – John Jameson, William Jameson, John Power und George Roe – verachteten die Column Still und veröffentlichten 1878 eine Polemik gegen das Blending. Früher oder später boten sie allerdings alle Blends an.

Verschiedene Whiskys wurden

seit spätestens den 1820er-Jahren, eindeutig aber ab 1830, als preiswerter Patent-Still Grain Whisky verfügbar wurde, von Spirituosenhändlern und Wirten verschnitten. 1853 wurde es erlaubt, Vatted Malts herzustellen, bevor Steuern anfielen. Einer der Ersten, die dies nutzten, war Andrew Usher & Co., ein in Edinburgh ansässiges Unternehmen, das mit The Glenlivet handelte und mit Usher's Old Vatted Glenlivet den ersten Markenwhisky auf den Markt brachte. Als ein weiteres Parlamentsgesetz 1860 das Blending von Malt mit Grain Whiskys »under bond« zuließ, folgten viele Unternehmen mit bekannten Namen dem Beispiel von Usher. In seinem Laden in Perth bot Matthew Gloag 1860 verschnittenen Whisky an; im gleichen Jahr stellte John Dewar seinen ersten Handelsvertreter ein; Arthur Bell versuchte 1862 erfolglos, den Londoner Markt mit zwei Blends zu erobern; Alexander Walker, Sohn von Johnnie, ließ 1867 seinen Old Highland Whisky registrieren. Nach der Zerstörung der französischen Weinberge durch die Blattlaus Phylloxera verdrängte der Blended Scotch den Cognac als Spirituose der englischen Mittelklasse. Im Jahre 1900 dominierten drei Unternehmen: Walker, Dewar und Buchanan. In Kanada beschäftigten sich Joseph Seagram und W. P. Wiser mit dem Blending, und Hiram Walker versuchte, Spirituosen vor der Reifung zu mischen. Trotzdem blieben die Irish und American Whiskeys damals noch unverschnitten.

VERWANDTE THEMEN
DIE GESCHICHTE DES SCOTCH
Seite 30

KONTINUIERLICHES DESTILLIEREN
Seite 60

BLENDING
Seite 66

KANADA
Seite 102

3-SEKUNDEN-BIOGRAFIEN
DAVID STEWART
1945–
Seit 1962 bei William Grant & Sons tätig. 1974 zum Master des Malt Whisky und Masterblender ernannt, 2015 für seine Verdienste um die Whiskyindustrie mit dem MBE ausgezeichnet.

COLIN SCOTT
1949–
1989 nach 16-jähriger Ausbildung unter dem vorherigen Masterblender Jimmy Lang zum Masterblender bei Chivas Bros ernannt.

30-SEKUNDEN-TEXT
Charles MacLean

Die Kunst des Blenders ist es, neue Whiskys mit typischem Geschmacksprofil zu kreieren.

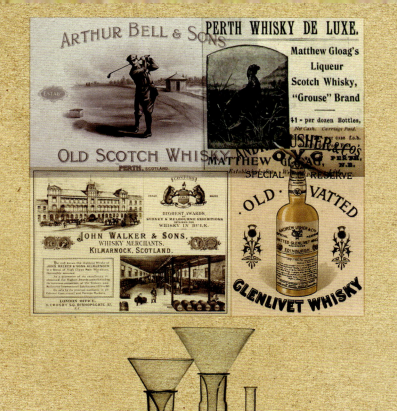

UNABHÄNGIGE ABFÜLLER
Die 30-Sekunden-Spirituose

Single Malts werden nicht immer
von der Brennerei auf den Markt gebracht, die sie erzeugt; sie können auch von Dritten abgefüllt und verkauft werden. Blender sind auf einen Markt für den Verkauf überzähliger Fässer oder zum Ausgleich von Defiziten angewiesen. Diese Nachfrage reguliert ein Sekundärmarkt. Hier versorgen sich unabhängige Abfüller, die unter eigener Marke verkaufen, auch wenn in der Regel die Brennerei genannt wird. Namhafte Marken kritisieren immer wieder den Verlust an Qualitätskontrolle, Markenpflege, Preisgestaltung und individuellem Stil, aber die Qualität bleibt bis auf seltene Ausnahmen hoch. Zudem bieten die Unabhängigen interessante Alternativen zu Erzeugerabfüllungen und verkaufen ihre Spirituosen im Allgemeinen ohne kosmetische Eingriffe wie Kühlfiltration (zur Verhinderung von Trübung) oder den Zusatz von Zuckercouleur als künstlichen Farbstoff, der dem Whisky den Glanz geben soll, den der Konsument erwartet. Während der 1970er- und 1980er-Jahre waren »Unabhängige« wie Gordon & MacPhail oder Cadenheads die einzige Quelle für Liebhaber von Malt Whiskys, die Whiskys aus Brennereien suchten, deren gesamte Produktion sonst für Blends bestimmt war. Der jüngste Anstieg der Nachfrage in allen fünf führenden Herstellerländern hat es für unabhängige Abfüller schwierig gemacht, gute Fässer zu ergattern. Viele haben deshalb Brennereien gebaut oder übernommen, um mit den etablierten Herstellern Fässer zu tauschen.

3-SEKUNDEN-SCHLUCK
Unabhängige füllen unter ihrer eigenen Marke Single Malts fremder Brennereien ab, in der Regel als Einzelfässer oder in sehr kleinen Chargen.

3-MINUTEN-DESTILLATION
Der Ruf eines »Unabhängigen« beruht auf der Auswahl seiner Fässer. Die besten Unternehmen haben das Talent, versteckte Schätze aufzuspüren, die durch das Raster der Branche gefallen sind, und den Mut, den Ausschuss der Großen nicht zu übernehmen. Einige unabhängige Abfüller, vor allem Compass Box, nutzen ihre Unabhängigkeit, um ohne Rücksicht auf Branchenkonventionen fantasievoll neue Geschmäcker zu erforschen.

VERWANDTES THEMA
BLENDING-BETRIEBE
Seite 116

30-SEKUNDEN-TEXT
Arthur Motley

Adelphi Distillery wählt unter den angebotenen Fässern am sorgfältigsten aus. Ihre Produkte verkaufen sich mittlerweile so rasant, dass man beim Einkauf nicht lange zögern darf. Sie verstehen etwas von der Spirituose, wissen alles über deren Reifung und haben das richtige Gespür dafür, wann ein Malt Whisky rund ist.

DIE KEEPERS OF THE QUAICH

Die 30-Sekunden-Spirituose

Inspiriert von den alten französi-schen Weinbruderschaften wie den Chevaliers du Tastevin oder der Commanderie de Bordeaux, wurden die Keepers of the Quaich 1988 von den damals führenden Brennereien gegründet, um diejenigen zu ehren, die sich um den Scotch Whisky nachhaltig verdient gemacht haben. Zur Gesellschaft gehören nur 2549 Mitglieder aus über 100 Ländern. Sie besitzt ihr eigenes Wappen (Motto: *Uisgebeatha gu Brath* »Whisky für immer«) und einen Tartan, beides vom Lord Lyon King of Arms bewilligt, und hat ihren Hauptsitz im Blair Castle, wo es zwei jährliche Bankette gibt, um neue Keepers und Meister aufzunehmen. Gastredner an den Banketten waren u.a. HRH The Princess Royal, HRH The Prince of Wales, HSH Prinz Albert II. von Monaco, Sir Jackie Stewart, Dame Stella Rimmington, Ronald Reagan, F. W. de Clerk und Alexander McCall Smith. Zu den Gönnern der Gesellschaft gehören die Dukes of Argyll, Atholl und Fife, die Earls of Elgin, Erroll, Dalhousie und Hopetoun sowie der Viscount Thurso. Der Großmeister ist Vorsteher der Gesellschaft. Der Verwaltungsausschuss setzt sich aus Vertretern der einzelnen Gründungsgesellschaften zusammen, und die Mitgliedschaft erfolgt ausschließlich auf Einladung, wenn der Kandidat von Mitgliedern vorgeschlagen wurde.

3-SEKUNDEN-SCHLUCK
Die Keepers sind der exklusivste Whisky-Club der Welt, der das Andenken derer pflegt, die sich um den Whisky verdient gemacht haben.

3-MINUTEN-DESTILLATION
Der Quaich (ausgesprochen *kwayk*) bezieht sich im Namen der Gesellschaft auf Schottlands traditionelles Trinkgefäß, wobei sich das Wort von »cuach« ableitet, dem gälischen Wort für »Tasse«. Dieses vorzeitliche Gefäß orientiert sich an Jakobsmuscheln oder den Trinkschalen der Germanen. Ursprünglich aus Holz gefertigt, heute aus Silber gegossen, ist es seit Langem ein Symbol der Gemeinschaft und des Teilens – bezeichnenderweise ein Gefäß mit zwei Griffen.

VERWANDTES THEMA
DIE SCOTCH MALT WHISKY SOCIETY
Seite 124

3-SEKUNDEN-BIOGRAFIEN
JAMES ESPEY
1943–
Die Keepers wurden von James Espey OBE inspiriert, als er zum stellvertretenden Masterbrenner von United Distillers (jetzt Diageo) ernannt wurde.

THE RIGHT HON. THE EARL OF ELGIN & KINCARDINE KT
1924–
Der dritte Großmeister der Keepers, der das Amt mit Würde und Humor prägte.

30-SEKUNDEN-TEXT
Charles MacLean

Der Grand Quaich wurde von der Gesellschaft als Kernstück ihrer »Insignien« in Auftrag gegeben. Er hat einen Durchmesser von 60 cm, ist aus massivem Silber und steht auf einem Ulmensockel.

BOOM & KRISE
Die 30-Sekunden-Spirituose

Da Whisky als Ware dem unge-
wöhnlichen Umstand unterliegt, dass zwischen Produktion und Verkauf mindestens einige Jahre verstreichen, sind die Brennereien für die Vorhersage ihres Umsatzes in fünf, zehn und sogar 20 Jahren auf eine Kristallkugel angewiesen. Es gibt immer Boom- und Krisenzeiten, und entsprechend wird entweder nicht genügend Whisky angeboten oder es herrscht ein Überangebot am Markt. Für Scotch Whisky erwartete die zweite Hälfte des 19. Jahrhunderts einen Boom, der von der scheinbar unersättlichen, weltweiten Nachfrage nach Blended Scotch getrieben schien. Neue Brennereien wurden gebaut und bestehende modernisiert oder erweitert; zuletzt produzierten sie weit mehr, als nachgefragt wurde. Die Blase platzte 1898/99 mit dem Zusammenbruch des Blending-Betriebs Pattisons Ltd., das illegale Geschäfte betrieben hatte, was eine über ein halbes Jahrhundert anhaltende Whisky-Rezession einläutete. In den 1960er- und 1970er-Jahren bescherte vor allem die steigende Nachfrage aus den USA dem Scotch Whisky einen neuen Boom, doch auch diesmal gab es Überkapazitäten, die die Distillers Company Ltd. (DCL), das größte Brennerei-Unternehmen Großbritanniens, dazu zwang, zwischen 1983 und 1985 nicht weniger als 23 Destillerien zu schließen.

3-SEKUNDEN-SCHLUCK
Kommerzielle Unternehmen unterliegen Marktkräften, was auch für die Whiskyindustrie gilt; sie boomen und schrumpfen nicht anders als die übrige Weltwirtschaft auch.

3-MINUTEN-DESTILLATION
Der Boom des Scotch Whisky kehrte in den ersten Jahren des 21. Jahrhunderts zurück; 2012 erreichten die Exporte einen Wert von 4,3 Milliarden Pfund. Auf ein Jahrzehnt gesehen entspricht dies einem bemerkenswerten Anstieg von 87 Prozent. Wie schon früher wurden von den Großen der Branche neue Brennereien gebaut und Effizienz und Kapazität vieler bestehender Anlagen gesteigert. Mittlerweile sind die Exporte seit 2012 leicht rückgängig, sodass die meisten Brennereien mit weiteren Expansionsplänen zurückhaltend sind.

VERWANDTES THEMA
BLENDING-BETRIEBE
Seite 116

30-SEKUNDEN-TEXT
Gavin D. Smith

Der Whiskymarkt unterlag immer Schwankungen. Mit neuen Brennereien, die rund um die Welt gegründet werden, ist es heute schwierig vorauszusagen, was die Zukunft der Whisky-Branche bringen wird.

DIE SCOTCH MALT WHISKY SOCIETY

Die 30-Sekunden-Spirituose

Die »Society« geht auf die späten

1970er-Jahre zurück, als Phillip ›Pip‹ Hills die Freuden des Single Cask Scotch Malt Whisky entdeckte, der fassstark und ungefiltert abgefüllt wird, da Kenner die Kältefilterung als für Geschmack und Struktur nachteilig empfinden. Er teilte seine Erfahrungen mit Universitätsfreunden, und 1978 bildeten sie eine informelle Gruppe, um Einzelfässer zu kaufen, abzufüllen und zu genießen. 1983 wurde daraus ein Club für Privatleute, als ein historisches, aber verfallenes Gebäude zum Verkauf stand – Gewölbe in Leith, Edinburgh, aus dem 12. Jahrhundert. Sie wurden gekauft und restauriert und umfassen heute einen Clubraum, einen Tasting-Raum und Büros für die wachsende Zahl der Mitglieder. Sie ist auf rund 28 000 Personen gestiegen, mit lizenzierten Filialen in 16 Ländern. Ein Clubraum wurde 1996 in London eröffnet und ein zweiter 2004 in Edinburghs Neustadt dazugekauft. Im gleichen Jahr wurde die Society von Glenmorangie plc übernommen, ist aber seit 2015 wieder in Privatbesitz. Eine Mitgliedschaft ist international möglich und nach Zahlung eines Jahresbeitrags ohne Beschränkungen, wobei der Zutritt zu den Veranstaltungen der Society, der Kauf einer limitierten Single-Cask-Abfüllung (derzeit rund 450 pro Jahr, von 132 Brennereien), der Erhalt des vierteljährlichen Club-Magazins und die Teilnahme an den vielen Verkostungen der Society in Großbritannien und Übersee inbegriffen sind.

3-SEKUNDEN-SCHLUCK
Die SMWS ist einer der führenden Whisky-Clubs der Welt und eröffnet seinen Mitgliedern Zugang zu einer breiten Auswahl an Single Cask Whiskys.

3-MINUTEN-DESTILLATION
Whiskyfreunde treten dieser Society bei, um ihre Leidenschaft für außergewöhnliche Single Malts in der Gesellschaft Gleichgesinnter zu teilen. Alle angebotenen Malt Whiskys werden vom Tasting-Gremium konsequent ausgewählt und direkt aus dem Fass abgefüllt. Nordamerika ist außerhalb des Vereinigten Königreichs der größte Markt der Society, aber das Interesse in Taiwan, Japan und China wächst schnell.

VERWANDTES THEMA
DIE KEEPERS OF THE QUAICH
Seite 120

30-SEKUNDEN-TEXT
Charles MacLean

Die Gewölbe in Leith, Edinburgh, wurden ursprünglich als Weinhandlung genutzt, bevor sie von der Scotch Malt Whisky Society gekauft wurden.

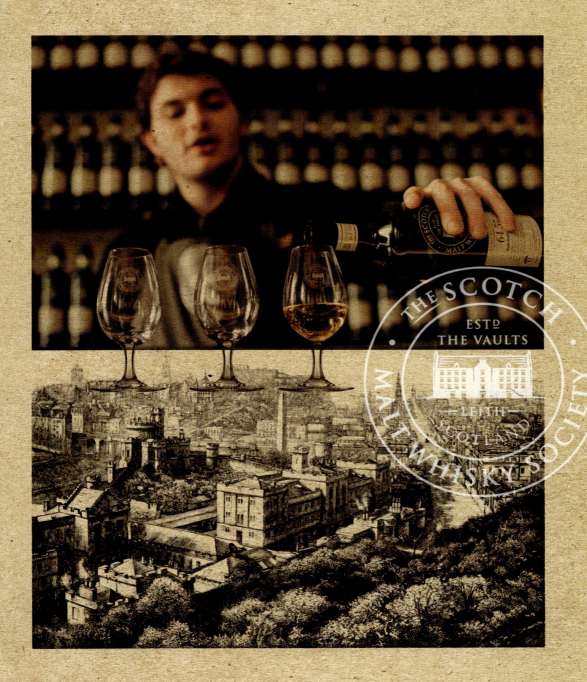

2. März 1968
Geburt als erster Sohn von Narinder Singh Sawhney und Bhupinder Kaur Sawhney in London

1971
Eröffnung des Lebensmittelgeschäfts der Eltern in Hanwell, Westlondon

1990
Besuch der ersten schottischen Whisky-Auktion

1991
Abschluss an der City University, London, und Einstieg ins Geschäft der Eltern. Später Neustart des Geschäfts als »The Nest« mit großem Erfolg.

1992
»The Nest« wird als Wein- und Spirituosengeschäft des Jahres ausgezeichnet, bemerkenswert für einen kleinen unabhängigen Laden.

1998
Die Eltern treten in den Ruhestand und verkaufen das Geschäft.

1999
Gründung des Online-Shops »The Whisky Exchange« mit Bruder Rajbir

2000
Lancierung der ersten unabhängigen Abfüllung, ein 31-jähriger Glen Grant 1969

2005
Eröffnung des ersten Einzelhandelsgeschäfts in London, im Vinopolis nahe der London Bridge

2006
Lancierung der Serie »Elements of Islay«

2009
Lancierung der Serie »Port Askaig«

2009
Erstes Whisky-Show-Festival in der Londoner Guildhall

2014
Sukhinder und Rajbir werden unter Großbritanniens Top-100-Unternehmern des Jahres gelistet.

2015
Start von Whisky.Auction, einer Firma, die Whisky online versteigert, und Eröffnung eines neuen Flagship-Stores im Londoner Covent Garden

SUKHINDER SINGH

Sukhinder Singh ist einer der weltweit bedeutendsten Whiskysammler und Miteigentümer von The Whisky Exchange (TWE), das zum tonangebenden Unternehmen des modernen Whisky-Einzelhandels herangewachsen ist. Er gilt als führende Autorität in der Welt des Whiskys und als leidenschaftlicher Verteidiger des Scotch. Nach dem überraschenden Start im Wein- und Spirituosengeschäft seiner Eltern Anfang der 1990er-Jahre haben Sukhinder und sein jüngerer Bruder Rajbir ein Geschäft aufgebaut, das den Handel mit Novitäten sowie alten und seltenen Abfüllungen, mit unabhängigen Abfüllungen eigener Marken und mit Whisky-Festivals und -Auktionen bedient.

Die Eltern von Sukhinder gründeten 1971 in Hanwell, Westlondon, ein Lebensmittelgeschäft – eine prägende Umgebung. Schon früh interessierte sich Sukhinder für die Miniaturen, die seine Eltern auf Lager hatten, und genoss die Gespräche mit Stammkunden, die Single Malts kauften, ein Produkt, das damals nur wenige Geschäfte auf Lager hatten. Seine ersten Sammlungen umfassten Whisky-Miniaturen, von denen er über 700 erwarb.

1991 schloss er sein Studium des Chartered Surveying ab. Im gleichen Jahr kam es in London zu einer der schlimmsten Immobilienkrisen; er übernahm und erweiterte das Geschäft seiner Eltern und bot noch mehr Whisky an. Ihr neues Geschäft, »The Nest«, eröffnete 1991 und erfreute sich einer treuen Kundschaft. Gleichzeitig begann Sukhinder, bei Christie's in Glasgow Auktionen zu besuchen und Whisky ernsthafter zu sammeln. In den 1990er-Jahren wuchs sein Netzwerk zu Sammlern und Liebhabern in Japan und Europa, und allmählich tauchte er immer tiefer in die Welt der professionellen Verkostung und des Sammelns ein.

Als die Eltern 1998 in den Ruhestand gingen, wollten sich Sukhinder und Rajbir voll und ganz auf das Whiskygeschäft konzentrieren. Die Idee eines Shops im Zentrum Londons wurde zugunsten eines Online-Geschäfts verworfen. Rajbirs Freund konzipierte eine Website, und ein kleiner Lagerraum wurde erworben. Innerhalb von nur zwei Tagen kamen erste Aufträge. Ab da wuchsen das Geschäft und Sukhinders Sammlung. Mit mehr als 4000 lieferbaren Produkten, darunter Single Malts, Blends und zahlreiche andere hochkarätige Spirituosen, bietet TWE heute eines der weltweit größten Sortimente alter und seltener Flaschen. Im Laufe der Jahre kreierten sie eigene Abfüllungen und Marken, etwa Malts of Scotland, The Whisky Society, Port Askaig und Elements of Islay. 2015 eröffnete TWE einen Flagship-Store im Londoner Covent Garden mit einem umfangreichen Angebot an Champagnern, Weinen und Craft-Bieren neben Whiskys und anderen feinen Spirituosen.

Angus MacRaild

FACHHÄNDLER
Die 30-Sekunden-Spirituose

Fachhändler nehmen mittlerweile

bei der Beurteilung von Malt Whiskys eine Schlüsselrolle ein; noch wichtiger sind sie als Blender. Premium Blends wie Ballantine, Chivas, Johnnie Walker und The Famous Grouse wurden alle in den Kellern lizenzierter Lebensmittelgeschäfte kreiert. In der zweiten Hälfte des 20. Jahrhunderts kamen spezialisierte Whiskygeschäfte auf, wodurch auch das Interesse an Single Malts wieder anstieg. La Maison du Whisky in Paris wurde 1956 gegründet, und Milroy's Soho begann in den 1970er-Jahren, sich mit zunächst nur vier Marken auf Whisky zu spezialisieren. Edinburghs Royal Mile Whiskies, 1991 eröffnet, und Loch Fyne Whiskies in Inveraray, Argyll im Folgejahr waren zwei der Ersten, die online verkauften. Supermärkte und reisende Fachhändler boten teils erstaunliche Schnäppchen an, wenn die Industrie ihre Lager verscherbelte. Als die Whiskyschwemme der 1980er-Jahre vorüber war, verlagerte sich der Fokus aufs exklusive Geschäft, das mit NAS-Sorten überflutet wurde. In den 1990er-Jahren änderte sich durch den Online-Handel alles: Aus traditionellen Geschäften entwickelten sich engagierte Web-Händler wie der gut ausgestattete Whisky Exchange und der mutige Master of Malt. Das Web machte abgelegene Gebiete zugänglich und trug dazu bei, dass Brennereien ihren Whisky mit hohem PR-Aufwand in limitierten Auflagen auf den Markt bringen konnten, um vom schnellen Online-Verkauf zu profitieren.

3-SEKUNDEN-SCHLUCK
Ein Whiskyfachhändler wird kaum mehr als 300 Sorten in einem wechselnden Bestand haben, wenn er seine Reichweite nicht durch einen Online-Shop erweitern kann.

3-MINUTEN-DESTILLATION
Eine gute Beziehung zum Fachhandel ist unerlässlich, wenn man eine ordentliche Sammlung aufbauen will. So erweitern anspruchsvolle Whiskyfreunde ihren Bestand eher durch den Fachhandel als durch günstige Supermarktangebote.

VERWANDTE THEMEN
DIE GESCHICHTE DES SCOTCH
Seite 30

SAMMELN VON WHISKYS
Seite 130

3-SEKUNDEN-BIOGRAFIE
EDOARDO GIACCONE
1928–1996
Italienischer Whiskyliebhaber, der 1958 die erste Whiskybar mit Laden am Gardasee eröffnete. Er wird vom *Guinness-Buch der Rekorde* mit 5502 verschiedenen Flaschen (ohne seinen Handelsbestand) als erster Sammler anerkannt.

30-SEKUNDEN-TEXT
Arthur Motley

Der Whiskyhandel hat für sich die Vorteile des Online-Handels erkannt.

WHISKY SAMMELN
Die 30-Sekunden-Spirituose

Menschen sammeln leidenschaft-
lich. Wir horten alles Mögliche, und Whiskyflaschen stellen keine Ausnahme dar, wenn es darum geht, wertvolle Dinge zu erwerben, aufzubewahren und zu zeigen. Die Sammelleidenschaft für Whisky entwickelte sich in Italien. In den 1970er- und 1980er-Jahren erkannte man dort, dass man den Markt für *wirklich* guten Scotch beherrschen könnte. Große Mengen der weltweit feinsten Sorten wurden ausschließlich nach Italien exportiert, da der Rest der Welt kaum wusste, dass es Single Malt Scotch überhaupt gab. Viele dieser Flaschen wurden getrunken, viele wanderten aber auch in Sammlungen. Heute ist der Markt für Sammler als Teil der globalen Erfolgsgeschichte explodiert: Seltene und immer wertvollere Flaschen werden immer begehrter. Die Whiskyhersteller haben die Sammler mit einer Unzahl an limitierten Auflagen, seltenen Versionen und Jahrgängen längst ins Visier genommen. Die Gründe für das Sammeln sind scheinbar vielfältig – einige wollen eine Flasche aus jeder Brennerei, andere jede Flasche aus einer einzigen bevorzugten Brennerei, wieder andere sammeln Jahrgangsabfüllungen ihres Geburtsjahres; gesammelt wird als Investition oder um seltene Auflagen für den späteren Genuss im Vorrat zu haben.

3-SEKUNDEN-SCHLUCK
Briefmarken und Münzen sind bekannte Sammlerstücke; Whisky wird immer mehr zum Liebling der Sammler, da seltene Flaschen zunehmend geschätzt werden.

3-MINUTEN-DESTILLATION
Es war nur eine Frage der Zeit, bis Fälschungen erschienen. Wertvolle Flaschen sind relativ einfach nachzufüllen und stilecht zu verschließen. In einigen Ländern gibt es einen blühenden Handel mit leeren Flaschen. Raffinierte Fälscher bilden alte Etiketten nach und versteigern »antike« Flaschen. Im Mai 2016 wurde eine angeblich 1903 abgefüllte Flasche Laphroaig angeboten. Wäre dies wahr gewesen, wäre sie ein kleines Vermögen wert gewesen. Die Faustregel besagt: Wenn es zu schön ist, um wahr zu sein, dann ist es das auch. Caveat emptor!

VERWANDTES THEMA
INVESTIEREN IN WHISKY
Seite 132

3-SEKUNDEN-BIOGRAFIE
VALENTINO ZAGATTI
1931–
Italienischer Sammler, der seine weltberühmte Sammlung von 3013 Flaschen für einige Millionen Pfund verkauft haben soll.

30-SEKUNDEN-TEXT
Andy Simpson

Whiskyflaschen gibt es in allen Formen und Größen. Einige Sammler interessieren sich mehr für die Flaschen, andere eher für deren Inhalt.

IN WHISKY INVESTIEREN

Die 30-Sekunden-Spirituose

Beginnen wir mit dem Offen-

sichtlichen: Whisky ist ein Getränk. Der eigentliche Grund seiner Existenz ist der Verbrauch. Aber bei bestimmten Flaschen kann es sich lohnen, sie nicht zu öffnen. Einige der seltensten, ältesten, qualitativ besten Whiskyflaschen haben stratosphärische Wertsteigerungen erlebt. Limitierte Auflagen und Gedenkflaschen symbolträchtiger Marken sind dafür bekannt, ihren Wert über Nacht zu verdoppeln oder zu verdreifachen (Macallan, Balvenie, Ardbeg, Dalmore, Lagavulin und Laphroaig sind gute Beispiele). Spirituosen aus geschlossenen Brennereien werden immer seltener und gefragter. Port Ellen, Brora und Rosebank gehören zu den großen »stillen« Namen. Alte Jahrgangsabfüllungen (mit Destillationsdatum) sind außerdem äußerst gefragt, wobei nur Spitzenspirituosen in Frage kommen: Die Investition einer Person von heute kann zum bevorzugten Drink einer anderen Person morgen werden. Ursprünglich auf Scotch Whiskys beschränkt, wurden unlängst auch deutliche Wertsteigerungen für japanische und amerikanische Raritäten verzeichnet. Kluge Investoren kaufen nur vollständig versiegelte Flaschen. Fässer zu sammeln bildet ein zu großes Risiko, da sie auslaufen können und es keine Garantie gibt, dass ihre späteren Abfüllungen hochwertig sein werden. Fässer sind eine Investition, die man am besten den Brennereien selbst überlässt.

3-SEKUNDEN-SCHLUCK
Zunehmende Seltenheit und steigende Nachfrage haben bestimmte Whiskyflaschen zu einer alternativen Investition werden lassen.

3-MINUTEN-DESTILLATION
Whisky ist viel einfacher zu lagern als Wein und hält viel länger: Eine versiegelte Flasche sollte bei Raumtemperatur aufrecht stehen, damit der Alkohol die Korken nicht korrodieren lässt, vor direktem Sonnenlicht geschützt und vor durstigen Gästen versteckt werden! Wie bei jeder Investition gibt es auch hier Risiken. Lassen Sie eine Flasche fallen oder öffnen Sie sie, ist sie sofort wertlos. In einigen Ländern kann der Verkauf aus lizenzrechtlichen Gründen außerdem zu einer Herausforderung werden.

VERWANDTES THEMA
WHISKY SAMMELN
Seite 130

3-SEKUNDEN-BIOGRAFIEN
GIUSEPPE BEGNONI
1951–
Der italienische Whiskyliebhaber behauptete, die größte Sammlung der Welt zu besitzen.

CLAIVE VIDIZ
1934–
Brasilianischer Whiskyliebhaber, dessen Sammlung von 3384 Flaschen heute im Scotch Whisky Experience, Edinburgh, dauerhaft ausgestellt ist.

30-SEKUNDEN-TEXT
Andy Simpson

Bestimmte Whiskyflaschen und -karaffen können eine kluge Investition sein. 2010 wurde eine Karaffe Lalique Cire Perdue eines 64-jährigen The Macallan Whisky für 460 000 Dollar verkauft.

BEURTEILUNG

BEURTEILUNG
GLOSSAR

Aromarad Ein grafisches Hilfsmittel zur Darstellung der Aroma- und Geschmacksmerkmale von Whisky, das 1978 vom Pentland Scotch Whisky Research (heute The Scotch Whisky Research Institute an der Heriot-Watt University, Edinburgh) ausgearbeitet wurde. Grundlegende Aromen stehen im Zentrum (typisch: getreidig, blumig, fruchtig, torfig, holzig, weinig etc.), die jeweils auf der nächsten Stufe spezifiziert werden (»fruchtig« kann in »Trockenfrüchte«, »konservierte Früchte« etc. unterteilt werden) und im »Rand« des Rades noch detaillierter beschrieben werden (so können »Trockenfrüchte« zu »Rosinen«, »Feigen« etc. werden). Die Verfeinerungen sollen helfen, eigene Beschreibungen zu finden (siehe Einführung).

Entwicklung Die Veränderung von Aroma und Geschmack.

Glencairn-Glas Um 1980 von Raymond Davidson, Gründer von Glencairn Crystal in East Kilbride, kreiert, um Aroma und Geschmack zur Geltung zu bringen, seit 2001 erhältlich.

Grundgeschmacksarten Süß, sauer, salzig und bitter sind die vier Grundgeschmacksarten. Wenn wir mehr als diese schmecken, werden wir von Gerüchen beeinflusst, die unser olfaktorisches Epithel über die retronasale Passage erkennt. Halten Sie sich während der Verkostung die Nase zu und beachten Sie, wie so der Geschmack beeinträchtigt wird. Der fünfte Grundgeschmack, umami (»würzig«), 1909 in Japan entdeckt, setzte sich erst in den 1990er-Jahren durch.

Highball Der ursprüngliche Highball besteht aus Scotch und Soda und wird in einem 18- oder 24-cl-Glas mit Eis serviert. Doch der Begriff wird manchmal auf jeden eisgekühlten Longdrink aus einer Basisspirituose sowie einem kohlensäurehaltigen Getränk erweitert. Vor Kurzem wurde der Drink in Japan als »Suntory Highball« mit viel Erfolg neu »erfunden«.

Manhattan Als einer der sechs elementaren Cocktails anerkannt, besteht er je zur Hälfte aus (süßem) italienischem Wermut und Bourbon oder Rye Whiskey mit einem Schuss Angosturabitter und einigen Eiswürfeln.

Mint Julep Klassisch mit einem guten Kentucky Bourbon zubereitet, ist der Mint Julep ein eisgekühlter Longdrink, der eigentlich in einem Metallbecher serviert wird. Vorsichtig ein Dutzend Minzeblätter mit einem Esslöffel Zuckersirup und zwei bis drei Spritzern Angosturabitter leicht zerdrücken. Mit 6 cl Whiskey auffüllen und verrühren. Den Becher kühlen, mit Eis füllen, den Drink dazugeben, vorsichtig verrühren und mit Minze garnieren. Dies ist *der* Drink des Kentucky Derby.

Mundgefühl Beurteilung der Flüssigkeitsstruktur im Mund: erwärmend, kühlend, auskleidend, adstringierend, sprudelnd (spritzig).

Nasengefühl Beurteilung der physischen Wirkung, die der Alkohol beim Schnüffeln auslöst: heiß (alkoholisch, pfeffrig, bissig) oder kühl (Menthol, Eukalyptus, trocknend).

Nosing Begriff zur Beschreibung des Riechens. Whiskyprüfer werden im Gegensatz zu Weinprüfern als »Nasen« bezeichnet; eine Verkostung nennt sich »Nosing und Tasting«.

Olfaktorische Rezeptoren Gerüche werden mit dem olfaktorischen Epithel wahrgenommen, einer Riechschleimhaut, die sich im hinteren, oberen Bereich unserer Nasenhöhle befindet. Unser Geruchssinn ist unendlich schärfer als der des Geschmacks. Während wir mit rund 9000 Geschmacksknospen ausgestattet sind, haben wir zwischen 50 und 100 Millionen Geruchsrezeptoren, die noch kleinste Mengen von Aromen identifizieren können.

organoleptisch Beurteilung von Geruch, Geschmack und Beschaffenheit (durch Berührung) einer Substanz mit den Sinnen.

Rob Roy Benannt nach dem Highland-Freibeuter, der durch den gleichnamigen Roman von Sir Walter Scott berühmt wurde, ist der Rob Roy einfach ein mit Scotch gemixter Manhattan (siehe oben). Experten empfehlen, Angosturabitter durch Peychaud's Bitters zu ersetzen. Eine Variante ist der Bobbie Burns mit einem Schuss Drambuie-Whiskylikör.

Rusty Nail Cocktail aus rund 75 Prozent Scotch und 25 Prozent Drambuie-Whiskylikör auf Eis.

Sazerac »Ein scharfer, beißender und durch und durch trockener Cocktail« (David A. Embury): 1 Teelöffel Zuckersirup, 3 Spritzer Peychaud's Bitters, 7 cl Straight Rye Whiskey mit großen Eiswürfeln mixen. Das gekühlte Glas mit Absinth benetzen. Mit einer Zitronenzeste garnieren.

Schlieren Schlieren oder Tränen bilden sich beim Schwenken einer Flüssigkeit. Dicke, langsam laufende Schlieren auf der Innenseite verweisen auf eine zähflüssige Struktur, schlanke, schnell laufende auf ihr Gegenteil.

Viskosimetrie Wenn sich zwei Flüssigkeiten unterschiedlicher Viskosität mischen, entstehen Wirbel. Das Phänomen lässt sich kurz beobachten, wenn Wasser in Whisky gegossen wird. Die Fähigkeit einer Flüssigkeit zu diesem Effekt kann als viskosimetrisches Potenzial bezeichnet werden.

VIELSEITIGER WHISKY

Die 30-Sekunden-Spirituose

Auch wenn zeitgenössische Puristen behaupten, der pure Whiskygenuss sei der einzig wahrhafte, erzählt die Historie der Spirituose eine andere Geschichte. Vor zweihundert Jahren wäre roher und ungereifter Whisky durch Kräuter, Früchte oder Gewürze verbessert worden. Im 19. Jahrhundert wurden Whisky-Punsche und -Cocktails serviert, etwa der Sazerac, der in den 1830er-Jahren in New Orleans entstand und ursprünglich französischen Brandy enthielt, später jedoch mit American Rye Whiskey und Absinth veredelt wurde. Als Rebläuse in Europa die Weinstöcke vernichteten, trug der weltweite Mangel an Brandy dazu bei, das Interesse an Whisky anzukurbeln. Barkeeper suchten für ihre Kreationen nach Alternativen, und Whisky war dafür wie geschaffen. Im 20. Jahrhundert war die Reifung des Whiskys im Fass in den meisten Ländern entweder per Gesetz vorgeschrieben oder zumindest gängige Praxis, und durch den Einsatz von Eichenholz wurde die Spirituose weicher und entwickelte mehr Vanille-, Toffee- oder Gewürzaromen. Mit seiner unglaublichen Vielfalt an fruchtigen, wohlschmeckenden, würzigen, süßen, eichigen und grasigen Noten kommt Whisky immer und überall zum Einsatz – in Cocktails bis hin zu Kuchen und wohlschmeckenden Speisen ist er eine äußerst vielseitige Zutat, für die Köche und Whisky-Profis immer neue Verwendung finden.

3-SEKUNDEN-SCHLUCK
Whisky ist ein erhabenes Getränk, das sich gut pur genießen lässt; zugleich ist er von einer Vielseitigkeit, die der Kreativität keine Grenzen setzt.

3-MINUTEN-DESTILLATION
Drinks mit Whisky sind überall anders. In Japan ergeben Whisky und Soda einen erfrischenden Highball. Bei Amerikas berühmtem Kentucky Derby wird mit dem Mint Julep angestoßen, der aus Minze, Zucker, Bourbon und Soda gerührt wird. Im Norden lässt man den Tag mit einem Manhattan aus Whisky (traditionell Canadian Rye), Wermut und Angosturabitter ausklingen – mit Scotch wird daraus ein Rob Roy. In Irland weckt ein Irish Coffee die Lebensgeister, während sich der Drambuie – ein Likör aus Kräutern, Zucker, Honig, Gewürzen und Whisky – perfekt mit Scotch Whisky zum Rusty Nail kombinieren lässt.

VERWANDTES THEMA
Whisky & Essen Seite 150

30-SEKUNDEN-TEXT
Alwynne Gwilt

Zu den berühmtesten Whisky- und Bourboncocktails gehören der Sazerac, der Mint Julep, der Rob Roy, der Irish Coffee und der Rusty Nail.

WHISKY SERVIEREN
Die 30-Sekunden-Spirituose

Whisky ist höchst vielseitig: lang

oder kurz, mit oder ohne Eis, gemischt (typischerweise mit Soda, Ginger Ale, Limonade oder Grüntee), als Basis für einen Cocktail, zum Erfrischen, als Aperitif oder … Um seinen Geschmack am besten beurteilen zu können, gibt es zwei einfache Regeln: Verwenden Sie ein Glas, in dem sich das Aroma voll entfalten kann, und geben Sie ein wenig Wasser dazu, sodass sich das Aroma öffnet und leichter zu erfassen ist. Sofern auf dem Etikett nicht vermerkt ist, dass der Whisky Fassstärke hat, hat er einen Alkoholgehalt, den der Erzeuger nach Gutdünken durch Verdünnung erreicht und ausweist. Wenn Sie Wasser dazugeben, sollten Sie sicher stellen, dass es weder Geruch (z. B. Chlor oder Mineralien) noch Geschmack hat. Das ideale Wasser kommt aus der Region, aus der der Whisky stammt. Versuchen Sie, das Wasser tropfenweise dazuzugeben, bis für Sie der richtige Alkoholgehalt erreicht ist. Eis kann an einem heißen Tag Wunder bewirken, bedeutet aber auch, dass Sie viele der aromatischen Moleküle daran hindern, sich auszubreiten. Sorgen Sie auch für einen guten Aufbewahrungsort. Ein dunkler Schrank ohne direktes Tageslicht ist am besten; bewahren Sie Ihre Flaschen stehend auf. Da der Alterungsprozess aufhört, wenn die Flüssigkeit abgefüllt wird, verändert sich Ihr Whisky über einen längeren Zeitraum kaum. Aber Vorsicht: Sobald Sie die Flasche öffnen, beginnt sich ihr Inhalt zu entwickeln.

3-SEKUNDEN-SCHLUCK
Wie Sie Ihren Whisky genießen, bleibt allein Ihnen überlassen – es ist ein ganz persönliches Vergnügen.

3-MINUTEN-DESTILLATION
Wichtig ist das Glas, in dem der Whisky serviert wird. Viele Trinkgläser liegen gut in der Hand, aber ihr weiter Rand bedeutet, dass sich das Aroma des Whiskys nicht konzentrieren kann. Sie sehen klassisch aus, sind aber eher für gewöhnliche Trinkvergnügungen geeignet. Ein klassischeres Glas hat eine bauchige Schale und einen Rand, der sich nach oben verjüngt, um das Aroma zu konzentrieren und so das organoleptische Erlebnis zu intensivieren.

VERWANDTE THEMEN
NOSING & TASTING
Seite 142

WHISKY & ESSEN
Seite 150

30-SEKUNDEN-TEXT
Alwynne Gwilt

Egal ob Sie Ihren Whisky pur oder mit Eis mögen, es ist die Form des Glases, die über den vollkommenen Genuss entscheidet.

NOSING & TASTING
Die 30-Sekunden-Spirituose

Fachleute beurteilen die Qualität

des Whiskys organoleptisch, sie bewerten das Aroma also mit vier unserer fünf Sinne (Sehen, Geruch, Berührung, Geschmack). Als Erstes wenden wir uns dem Aussehen eines Whiskys zu – Farbe, Klarheit, Viskosimetrie, Viskosität. Die Farbe weist auf die Fässer hin, in denen der Whisky ausgereift ist – Malt Whiskys aus Bourbonfässern tendieren dazu, sich golden zu färben, wohingegen Sherryfässer dunklere Spirituosen ergeben. Wird der Whisky geschwenkt, bieten die Schlieren, die an der Innenseite des Glases herunterrinnen, einen Hinweis auf das Mundgefühl: Langsame, dicke Schlieren weisen auf eine gute Struktur hin. Viskosimetrische Wirbel bilden sich kurz, wenn Wasser hinzugefügt wird – ein weiterer Hinweis auf die Struktur. Zweitens schnuppern wir am Whisky, um zu Beginn seine körperliche Wirkung oder (wenn überhaupt) das Nasengefühl wahrzunehmen – beißend, stechend, wärmend, kühlend. Vielleicht riecht er nach Honig, rauchigem Torf, eichiger Vanille oder salzigen, küstennahen Noten. Drittens wird ein kleiner Schluck nach Struktur bzw. Mundgefühl (weich, ölig, adstringierend, vollmundig etc.) und Geschmack beurteilt (süß, sauer, salzig, bitter/trocken). Viertens fügen wir ein wenig Wasser hinzu, um das Aroma zu öffnen und den Geschmack einfacher beurteilen zu können. Schließlich schnuppern wir nach 10 Minuten erneut, um mögliche Veränderungen zu erkennen (dies wird als »Entwicklung« bezeichnet).

3-SEKUNDEN-SCHLUCK
Genießen Sie Whisky, wie Sie es wollen. Die volle *Beurteilung* folgt einem festgelegten Verfahren, um Geruch, Geschmack und Struktur zu erforschen.

3-MINUTEN-DESTILLATION
Wegen der Wichtigkeit des Aromas bei der Beurteilung von Whiskys ist es unentbehrlich, ein Glas zu verwenden, das dieses am besten zur Geltung bringt, d. h. eines mit einer Schale (um die Flüssigkeit zu schwenken) und einem Rand, der sich nach oben verjüngt (um das Aroma zu konzentrieren und zur Nase zu führen). Das individuelle Hinzufügen von Wasser hilft; vermeiden Sie dagegen Eis, das das Aroma deutlich reduziert. Wenn die Zugabe von Wasser den Whisky trübt, ist er nicht kalt gefiltert worden.

VERWANDTE THEMEN
VIELSEITIGER WHISKY
Seite 138

WHISKY SERVIEREN
Seite 140

BESCHREIBUNG DES AROMAS
Seite 146

3-SEKUNDEN-BIOGRAFIEN
RAYMOND DAVIDSON
1947–
Gründer von Glencairn Crystal und Erfinder des Glencairn-Glases für das Nosing und Tasting von Whisky.

RICHARD PATERSON
1949–
Schottischer Masterblender und ein charismatischer »Nosing«-Experte.

30-SEKUNDEN-TEXT
Charles MacLean

Vier unserer fünf Sinne sind der Schlüssel zu einer richtigen Whiskybeurteilung.

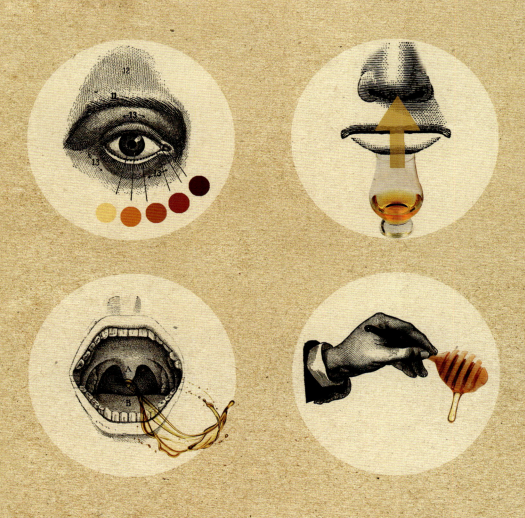

1960
Geburt in Greenock, Schottland, in eine ehemalige Brenner- und Brauerfamilie, die begeisterte Whiskyliebhaber hervorbrachte

1965–1978
Schulzeit an der Greenock Academy, wo er seine Liebe zur Biochemie und Biologie entdeckte

1978–1983
Studium in Glasgow mit Auszeichnung, Schwerpunkt Zellbiologie und Biochemie, und Beschäftigung mit der Qualität von Alkohol, vor allem in Ales und Weinen

1983–1986
Dissertation über die Gärung an der Heriot-Watt University – unter Einfluss des Getreideforschers Sir Geoff Palmer

1984
Erste Verkostung von Glenmorangie und Malt Whisky; parallel zur Dissertation Studium technischer Produktionsaspekte

1987
Heirat mit Leslie Hoggan

1988
Wissenschaftliche Arbeit für die Distillers Company Ltd. mit Schwerpunkt Produktion – Mälzen, Maischen, Gärung. Unter dem Einfluss von Jim Beveridge entwickelt er sein Interesse für den Geschmack und seine Herkunft

1990–1993
Mamagerschulung über Qualitätssicherung und Getreidedestillation

1995
Wechsel als Brennerei-Manager zu Glenmorangie plc.

1998–2012
Umzug an den Hauptsitz von Glenmorangie in Edinburgh als Leiter der Brennerei, verantwortlich für die gesamte Whiskyproduktion von Glenmorangie plc.

2012
Als Direktor der Brennerei und Produktentwicklung im Vorstand

BILL LUMSDEN

Bill Lumsden hat in den letzten 20 Jahren bei der Entwicklung neuer Whiskys ganz vorne mitgespielt und wurde treffend als »großer Erneuerer« bezeichnet.

Der Direktor der Brennerei und der Produktinnovation bei Glenmorangie, in der Branche als Dr. Bill bekannt, hat für seine Neuerungen bei der Reifung von Scotch und vor allem für seine Experimente mit dem Finishing weltweite Achtung erlangt. Er selbst sagt: »Schon früh in meiner Karriere wusste ich, dass man einfach keinen guten Whisky herstellen kann, egal wie gut die rohe Spirituose auch ist, wenn sie nicht in qualitativ hochwertiger Eiche gereift ist.«

Nach seinem Wechsel zu Glenmorangie Anfang 1995 betreute er die Produktion dieses berühmten Malt Whisky aus Tain; drei Jahre später wurde ihm zusätzlich die Verantwortung für die beiden anderen Brennereien in der damaligen Gruppe übertragen (Ardbeg auf Islay und Glen Moray, Elgin).

Er sah in den Brennereien nicht einfach nur Produktionsstätten für Whisky, sondern Labore und machte sich daran, neue Produkte zu entwickeln. Anfangs übernahm er ein Projekt, das sich mit Holz beschäftigte und untersuchte, wie der Geschmack des Glenmorangie von verschiedenen Fassarten beeinflusst wurde. Bald wurde ihm klar, dass die Reifung in den meisten dieser Fässer den zarten Charakter des Whiskys verschleiert. Unbeirrt fuhr er fort, sich mit der wenig bekannten Technik des Holzfinishings zu beschäftigen, bei der die Spirituosen in traditioneller Weise reifen, um dann für die letzten Monate oder Jahre ihrer Reifung in Fässer umgefüllt zu werden, in denen zuvor andere Weine oder Spirituosen lagerten und die dem Whisky eine weitere Aromaschicht hinzufügen. Zwischen 1995 und 2005 führte Dr. Bill über zwanzig neue Sorten des Glenmorangie ein, die in verschiedenen ehemaligen Wein- und Spirituosenfässern ausgereift waren: Portwein, Sherry, Madeira, Malaga, Bordeaux, Sauternes, Cognac etc. Viele andere Brennereien folgten seinem Beispiel.

Die Übernahme der Glenmorangie Company durch den Luxusgüter-Giganten LVMH (Louis Vuitton Moët Hennessy) im Jahr 2005 eröffnete Dr. Bill neue Möglichkeiten zum Experimentieren. Der Single Malt *Glenmorangie Signet* nutzt eine gewisse Menge stark geröstetes Schokoladenmalz; *Glenmorangie Tùsail* basiert auf der heute seltenen Gerstensorte Maris Otter; *Glenmorangie Ealanta* reifte 19 Jahre ausschließlich in neuen amerikanischen Eichenfässern; *Ardbeg Uigeadail* ist eine Kombination von Whiskys, die in ehemaligen Bourbon- und Sherry-Fässern gereift sind.

Zunehmend verbindet Dr. Bill seine Whiskykreationen mit globalen Reisen als Botschafter der Marke Glenmorangie. Mit Mitte fünfzig stehen ihm noch viele innovative Jahre bevor, ehe er seinen Laborkittel endgültig an den Nagel hängen wird.

Charles MacLean

BESCHREIBUNG DES AROMAS

Die 30-Sekunden-Spirituose

Es bleibt oft unberücksichtigt,

dass »Geschmack« eine Verbindung aus Geruch, Geschmack und Struktur ist. Der Geruch ist das Wichtigste für die Qualitätsbeurteilung: Während wir mit rund 9000 Geschmacksknospen ausgestattet sind, haben wir zwischen 50 und 100 Millionen Geruchsrezeptoren und können Gerüche in winzigen Mengen erfassen – meist genügen wenige Teile pro Million (1 ppm entspricht 1 cm auf 10 km), manchmal pro Milliarde (1 ppb = 1 cm auf 10 000 km) und gelegentlich sogar pro Billion (1 ppt = 1 cm auf 10 Mio. km oder 250 Mal der Erdumfang). Eine solche Empfindlichkeit bedeutet, dass der menschliche Geruchssinn viel präziser arbeitet als jede Maschine, die je erfunden wurde; deshalb wird die Whiskyqualität noch immer von Menschen beurteilt! Aber Menschen müssen ihre Ergebnisse kommunizieren, und es ist bekanntlich schwer, Gerüche zu beschreiben. Die verwendete Sprache kann entweder streng objektiv/analytisch (standardisiertes Vokabular, geschulte Beurteiler) oder subjektiv/hedonistisch sein, d. h. die Beurteilung ist persönlich geprägt. Häufig wird eine bildhafte Sprache benutzt: »riecht wie ...«, »erinnert an ...«. Der erste Versuch, die Sprache der Whisky-Bewertung zu systematisieren, wurde 1978 vom Pentlands Scotch Whisky Research unternommen und in Form eines Aromarades dargestellt. Eine vereinfachte Version hilft Genießern auf der Entdeckungsreise.

3-SEKUNDEN-SCHLUCK
Die Beschreibung des Aromas ist schwierig und braucht Erfahrung, aber es fokussiert den Sinn, erhöht das Bewusstsein und fördert die Beurteilung.

3-MINUTEN-DESTILLATION
Aromaräder identifizieren mehrere grundlegende aromatische Gruppen (getreidig, grasig, fruchtig, holzig etc.). Die zweite Stufe löst diese weiter auf, während eine dritte Stufe dazu dient, Deskriptoren vorzuschlagen, die bei der subjektiven Beurteilung auftreten können. Beispielsweise kann »getreidig« die ursprüngliche Identifizierung sein, aber mit der Praxis wird die sensorische Beurteilung immer exakter: »Getreide: Frühstücksflocken, Porridge, Grütze, Kleie, Toast, Vollkornkekse« oder »Malz: Malzmilch, Malzscheune, getrockneter Hopfen, Malzmilch, Marmite«.

VERWANDTE THEMEN
VIELSEITIGER WHISKY
Seite 138

WHISKY SERVIEREN
Seite 140

NOSING & TASTING
Seite 142

3-SEKUNDEN-BIOGRAFIE
DR. JIM SWAN
1941–
Einer der Autoren des Pentlands-Aromarades und heute ein führender Berater im Brennereibau.

30-SEKUNDEN-TEXT
Charles MacLean

Das Pentlands Aromarad wurde für den Gebrauch im Handel entworfen. Hier ist ein vereinfachtes Aromarad dargestellt, das die acht Aromagruppen zeigt (eine detailliertere Version findet sich auf Seite 9).

ALTERSANGABEN
Die 30-Sekunden-Spirituose

Über die meiste Zeit des kom-
merziellen Whiskyhandels waren Altersangaben nie ein Thema. Whisky wurde tendenziell schnell nach der Destillation oder in einem relativ jungen Alter getrunken. Im Vereinigten Königreich kam es 1915 zum ersten Mal zu einer Regelung, als die Alkoholaufsicht das Mindestalter, mit dem Scotch verkauft werden durfte, auf zwei Jahre festlegte, um die Trunkenheit unter den Munitionsarbeitern zu bekämpfen. Man nahm an, dass das Trinken jüngerer Spirituosen zu größerer Trunkenheit führte als älterer Whiskys. Das Mindestalter wurde 1916 auf drei Jahre erhöht. Bis weit ins 20. Jahrhundert wurden die meisten Scotch-Abfüllungen mit einem Alter von fünf bis zehn Jahren und steigenden Umsätzen angeboten, auch wenn Johnnie Walker 1906 seine Marke Black Label 12-jährig anbot. Tatsächlich betrachteten die Konsumenten das Alter oft als Ausweis der Qualität; die Wirklichkeit ist selten so einfach. Viele etablierte Brennereien bieten mittlerweile eine Reihe von 12- bis 18- oder 25-jährigen Sorten an; einige wie Ardbeg, Glenmorangie und Bruichladdich haben sich aus strategischen Gründen dazu entschieden, auf einem Großteil ihrer Produkte keine Altersangaben mehr zu machen. Diese sind als Abfüllungen ohne Altersangabe (NAS, No Age Statement) bekannt.

3-SEKUNDEN-SCHLUCK
Wird bei einem Whisky das Alter angegeben, muss es laut Gesetz auf den *jüngsten* in der Flasche verwendeten Whisky zutreffen.

3-MINUTEN-DESTILLATION
Die in den letzten Jahren steigenden Verkäufe von Scotch und Bourbon haben zu einer Situation geführt, in der sogar bei den Brennereien die Bestände an reifen Spirituosen knapp werden. Entsprechend mussten sie Altersangaben bestehender Abfüllungen entfernen oder neue, überzeugende NAS-Sorten kreieren. Zwangsläufig sind einige NAS-Whiskys, die in ihrer Zusammensetzung tendenziell jüngere Spirituosen enthalten, von höherer Qualität als andere; entsprechend ist die Meinung der Konsumenten geteilt.

VERWANDTE THEMEN
SCOTCH ODER NICHT?
Seite 18

BOURBON
Seite 98

30-SEKUNDEN-TEXT
Gavin D. Smith

Altersangaben beziehen sich auf die Zeitdauer, in der der Whisky im Fass gereift ist. Der älteste Whisky ist ein 75-jähriger Mortlach, der von Gordon & MacPhail abgefüllt wurde.

WHISKY & ESSEN
Die 30-Sekunden-Spirituose

Whisky zum Essen zu servieren

folgt vielleicht keiner Tradition, wird aber immer populärer. Eine gelungene Kombination basiert auf einer sensorischen Beurteilung, die immer vom aromatischen Profil des Whiskys ausgeht und dazu die bestmöglichen Speisen findet, die seine Aromen ergänzen oder kontrastieren. Vielleicht wollen Sie saure oder bittere Noten mit einer Honigsauce verbinden. Das Gleiche gilt für die Struktur: Sie können einem weichen Mundgefühl knuspriges Gemüse oder einem köstlichen samtigen Whisky eine cremige Sauce zur Seite stellen. Für sich betrachtet haben ein Whisky und ein Gericht ihre je eigene Schwere und ihren Charakter. Ergänzen sie sich gut, eröffnen sich zusätzliche Nuancen und neue Geschmacksrichtungen. Die Art des Fasses, in dem der Whisky gereift ist, sollte dabei unbedingt berücksichtigt werden. Whiskys, die in Bourbonfässern reiften, neigen dazu, leicht und frisch zu wirken und wegen der neuen Eichenfässer Noten von Karamell und Vanille aufzuweisen. Sie passen zu Fisch, Meeresfrüchten, Salaten, Geflügel, Obst und cremigen Desserts. Whiskys, die in Sherryfässern reiften (besonders in europäischer Eiche) sind herber und passen eher zu rotem Fleisch (Rind, Wild), fetten Saucen, Rosinen und Datteln, reifem Käse und Schokolade. Torfige Whiskys ergänzen perfekt Meeresfrüchte (besonders Austern), Schimmelkäse und Zitrusfrüchte, sollten allerdings nie mit geräucherten Speisen kombiniert werden.

3-SEKUNDEN-SCHLUCK
Kombiniert man Whisky mit Essen, dreht sich alles um die Harmonie, die durch eine gute Balance von Aromen und Strukturen erreicht werden kann.

3-MINUTEN-DESTILLATION
Kochen mit Whisky folgt den gleichen Prinzipien wie die Paarbildung. Das kurze Marinieren und Ablöschen mit Whisky und das Zerstäuben auf heiße Lebensmittel sind wirksame Techniken, doch sollte auf *Flambieren* verzichtet werden, da der Alkohol verdunstet und die Aromen verloren gehen. Seien Sie vor Knoblauch gewarnt, da sein scharfes Aroma selbst den robustesten Whisky besiegt. Knoblauch tötet nicht nur Vampire, sondern auch den Whisky.

VERWANDTE THEMEN
REIFUNG
Seite 62

NOSING & TASTING
Seite 142

3-SEKUNDEN-BIOGRAFIE
OLIVIER ROELLINGER
1955–
Französischer Koch und ein außergewöhnlicher Gewürzkompositeur mit großem Know-how in der gastronomisch-sensorischen Beurteilung.

30-SEKUNDEN-TEXT
Martine Nouet

Wenn Sie Whiskys mit Speisen kombinieren, beachten Sie unbedingt die Fassart, in der der Whisky reifte, damit Sie ihn mit komplementären Aromen in Einklang bringen können.

WHISKY-FESTIVALS
Die 30-Sekunden-Spirituose

Das erste Whisky-Festival war
das Kentucky Bourbon Festival, das 1992 als Abendveranstaltung in Bardstown, Kentucky, begann und mittlerweile ein jährliches Event ist, das eine Woche lang für Jung und Alt zahlreiche Veranstaltungen rund um den Whisky bietet. 1998 lancierten John und Amy Hansell das Whiskyfest in New York, ein eintägiges Festival, das nun auch in Chicago, San Francisco und Washington D. C. stattfindet. Die Briten führten im Jahr 2000 mit dem Whiskey Live London eine ähnliche Veranstaltung ein, die mittlerweile in anderen Ländern konzessioniert wurde, darunter in Australien, Frankreich, Irland, Südafrika, Japan und Taiwan. Im gleichen Jahr 2000 wurde auch das Spirit of Speyside Festival ins Leben gerufen, ein fünftägiges Fest an über 250 Orten in der gleichnamigen schottischen Region. Die Isle of Islay veranstaltet seit 2001 das Feis Ile: Über acht Tage führt jede Brennerei auf Islay einen Tag der offenen Tür durch. In ganz Europa gibt es eine Fülle von Festivals wie die zweitägige Whisky Fair in Limburg, die bei Sammlern beliebt ist, während in den Niederlanden zwei dreitägige Veranstaltungen stattfinden: das Internationale Whisky Festival in Den Haag und das Whisky Festival Northern Netherlands (WFNN) in Groningen. Abgesehen von Meisterkursen im Nosing und Tasting sind heute viele Festivals mit dem Verkauf von Büchern, Kleidern, Lebensmitteln und Waren für den Genuss der edlen Spirituose auch ein Fest für andere Sinne.

3-SEKUNDEN-SCHLUCK
Ein ausgezeichneter Weg, um verschiedene Whiskys, ihre Hersteller und gleichgesinnte Enthusiasten kennenzulernen, ist der Besuch eines der Whisky-Festivals, die jährlich weltweit stattfinden.

3-MINUTEN-DESTILLATION
Auf einer wachsenden Anzahl von Festivals versammeln sich Tausende von Whiskyliebhabern, um ihrer Leidenschaft zu frönen. Das schrägste und lockerste, nach dem Vorbild von Woodstock gestaltete Festival ist Maltstock. Es findet jährlich Anfang September in einem Pfadfinderlager im Wald bei Nijmegen in den Niederlanden statt. Liebhaber aus der ganzen Welt bringen ihre eigenen Flaschen mit und genießen ein ganzes Wochenende lang Whisky, Musik, Essen und ihre Gespräche.

3-SEKUNDEN-BIOGRAFIE
JOHN HANSELL
1960–
Amerikanischer Schriftsteller und Verleger, 1998 Gründer des Whiskyfests, das sich seiner Zeitschrift *Malt Advocate* verdankt (später umbenannt zu *Whisky Advocate*).

30-SEKUNDEN-TEXT
Hans Offringa

Whisky-Festivals sind in den letzten Jahrzehnten weltweit immer populärer und zahlreicher geworden.

DIE AUTOREN

HERAUSGEBER
Charles MacLean, von der *Times* als »einer der führenden Whiskyexperten Schottlands« bezeichnet, arbeitet und schreibt seit 35 Jahren über Whisky und hat zu diesem Thema 15 Bücher veröffentlicht. Er war 1997 Gründungsherausgeber des *Whisky Magazine* und schreibt regelmäßig in der Fachpresse und im Auftrag führender schottischer Whisky-Unternehmen. 1992 wurde er zum Keeper of the Quaich, 2009 zum Master of the Quaich ernannt.

VORWORT
Ian Buxton ist Autor, Publizist und Berater mit mehr als 30 Jahren Erfahrung in der Spirituosenindustrie. Er schreibt regelmäßig in Zeitschriften und Büchern für Handel und Endverbraucher – so auch in *101 Whiskies to Try Before You Die*, das in zahlreiche Sprachen übersetzt wurde.

AUTOREN
Davin de Kergommeaux ist Autor des preisgekrönten Buches *Canadian Whisky: The Portable Expert*. Nach sechsjährigem Studium der Getreidesorten für die Whiskyherstellung und reichlich Freizeitspaß gründete er die Canadian Whisky Awards; er schreibt Beiträge über Canadian Whisky für canadianwhisky.org. In sozialen Medien findet man ihn unter @Davindek.

Alwynne Gwilt arbeitet als Whiskyexpertin bei William Grant & Sons, UK. Sie war 2011 mit ihrer Seite *Miss Whisky* eine der ersten Bloggerinnen zum Thema und gehört zu den Top-10-Frauen im Bereich Whisky. Sie schreibt für zahlreiche Magazine und Zeitungen weltweit und veranstaltet Kurse zur Verkostung in ganz Großbritannien.

Angus MacRaild arbeitet als freiberuflicher Autor in Leith, Edinburgh. Spezialisiert auf Auktionen, gilt er als ausgewiesener Fachmann für alte und seltene Abfüllungen. Er organisiert regelmäßige Verkostungen dieser Whiskys und publiziert in zahlreichen Print- und Online-Medien.

Marcin Miller ist Master of the Quaich, Rectifier of the Gin Guild und Liveryman of the Worshipful Company of Distillers. Als Gründungsherausgeber des *Whisky Magazine* und Mitarbeiter bei zahlreichen Büchern und Zeitschriften gründete er 2006 mit anderen die Number One Drinks Company. Sein letztes Projekt ist eine spezielle Gin-Destillerie in Japan.

Arthur Motley ist Direktor bei Royal Mile Whiskies und Drinkmonger; in seinem bisherigen Berufsleben war er immer Einkäufer, zunächst ab 2000 für Fasswhisky bei der Scotch Malt Whisky Society. Er ist stolz darauf, Keeper of the Quaich und Champagne Academician zu sein.

Martine Nouet ist ein französischer Autor und Journalist, der ausschließlich über Speisen und Spirituosen schreibt. Von ihm stammt die Idee, Whiskys und passende Speisen zu kombinieren. Im April 2012 wurde er zum Master of the Quaich ernannt.

Fionnán O'Connor, Spirituosenfachmann und -kritiker aus Dublin, wo er auch für die Irish Whiskey Society arbeitet. Als Autor zahlreicher Artikel für Spirituosenunternehmen war er bis vor Kurzem Lobbyist der Irish-Whiskey-Branche bei der Europäischen Union. Sein Buch *A Glass Apart: Irish Single Pot Still Whiskey* erschien 2015.

Hans Offringa, zweisprachiger Autor und Medienfachmann, schreibt seit 1990 über Whisky; er hat mehr als 25 Bücher und Hunderte von Artikeln zu diesem Thema geschrieben. Als Mitherausgeber des *Whisky Magazine* wurde er zum Honorary Scotsman, Kentucky Colonel und Keeper of the Quaich ernannt.

Andy Simpson, Keeper of the Quaich, ist seit seinem 16. Lebensjahr begeisterter Whiskysammler. Heute arbeitet er als professioneller Whiskygutachter, -händler und -berater für die schottische Whiskyindustrie. Er ist Mitbegründer von *Rare Whisky 101*, kommentiert und analysiert für zahlreiche Medien und wurde in der *Financial Times*, dem *Wall Street Journal*, der *New York Times*, in *Forbes*, *GQ*, *The Guardian*, in Fachmagazinen und vielen anderen Veröffentlichungen vorgestellt. Er lebt mit Frau und Sohn in Perthshire.

Gavin D. Smith ist ein freiberuflicher Schriftsteller aus Schottland und (Co-)Autor von rund 20 Büchern über Whisky. Als Journalist schreibt er regelmäßig für unterschiedliche Fachmagazine; er ist Chefredakteur der schottischen Ausgabe des *Whisky Magazine*. Seine Artikel erscheinen auch auf www.scotchwhisky.com und www.cuttingspirit.com. Außerdem schreibt er im Auftrag führender Getränkeunternehmen und für Veranstaltungen.

QUELLEN

BÜCHER

A Glass Apart: Irish Single Pot Still Whiskey
Fionnán O'Connor
(The Images Publishing, 2015)

À Table: Whisky from Glass to Plate
Martine Nouet
(Ailsa Press, 2016)

American Whiskey, Bourbon & Rye: A Guide to the Nation's Favorite Spirit
Clay Risen
(Sterling Epicure, 2013)

Canadian Whisky: The Portable Expert
Davin de Kergommeaux
(Appetite by Random House; 2. Aufl., 2017)

Goodness Nose: The Passionate Revelations of a Scotch Whisky Master Blender
Richard Paterson & Gavin D. Smith
(Neil Wilson Publishing, 2010)

Irish Whiskey: A History of Distilling in Ireland
E. B. McGuire
(Gill and Macmillan, 1973)

Japanese Whisky, Scotch Blend: The Japanese Whisky King and His Scotch Wife
Olive Checkland
(Scottish Cultural Press, 1998)

Malt Whisky Yearbook 2017
Ingvar Ronde
(MagDig Media Ltd, 2016)

Peat Smoke and Spirit: A Portrait of Islay and its Whiskies
Andrew Jefford
(Headline, 2005)

The Best Collection of Malt Scotch Whisky
Valentino Zagatti
(Formagrafica, 1999)

The Rise and Fall of Prohibition
Daniel Okrent
(Scribner, 2010)

The World Atlas of Whisky
Dave Broom
(Mitchell Beazley; 2. Aufl., 2014)

Scotch Whisky: A Liquid History
Charles MacLean
(Cassell Illustrated, 2005)

Whisky
Aeneas MacDonald
(Canongate, 2007 [Originalausgabe 1930])

Whisky-do: The Way of Japanese Whisky
Dave Broom
(Mitchell Beazley, 2017)

Whisky Opus
Gavin D. Smith & Dominic Roskrow
(Dorling Kindersley, 2012)

Whiskey Women: The Untold Story of How Women Saved Bourbon, Scotch, and Irish Whiskey
Fred Minnick
(Potomac Books, 2013)

FESTIVALS

Kentucky Bourbon Festival
Einwöchiges Festival im Herbst in Bardstown. Mehr als 50 000 Menschen aus 12 verschiedenen Ländern nehmen an mehr als 30 Veranstaltungen teil.

Kentucky Bourbon Trail
Ein Wanderweg, auf dem man eine Reihe von Destillerien besuchen kann und der für die Teilnehmer ein eindrucksvolles Erlebnis ist.

Maltstock
Ein Wochenendfestival Anfang September in Nijmegen in den Niederlanden. Höhepunkte sind das Whisky-Quiz, der Entgiftungsmarsch, die BBQ-Party und das Lagerfeuer.

The Whisky Fair, Limburg
Europas größtes und wichtigstes Whisky-Festival.

The Whisky Show, London
Die größte und wichtigste Show in Großbritannien für Anfänger und Profis.

HÄNDLER

Gordon & MacPhail
1895 als Lebensmittelgeschäft gegründet, hat sich dieser Händler aus Elgin immer weiter entwickelt. Über mehr als ein Jahrhundert kaufte er Fässer, die er selbst abfüllte, darunter den ältesten Whisky aller Zeiten: ein 75-jähriger Mortlach. 1998 übernahm er die Benromach-Brennerei.

Royal Mile Whiskies
1991 gegründet und 1995 von Keir Sword gekauft, betreibt dieser Händler aus Edinburgh einen florierenden Web-Shop und seit 2002 ein Geschäft in London. Bekannt für eine große Auswahl, netten Service und bodenständigen Ansatz.

The Whisky Exchange Sukhinder Singh entwickelte sich in weniger als einem Jahrzehnt vom passionierten Sammler zum führenden Händler. Zunächst nur online, bietet heute auch sein Geschäft in Covent Garden eine große Auswahl feiner Whiskys.

WEBSITES

Canadian Whisky
www.canadianwhisky.org
Davin de Kergommeaux' Blog über kanadischen Whisky.

Japanese Whisky
www.nonjatta.com
Ein umfassender und unabhängiger Führer durch die japanische Whiskyszene.

Rare Whisky 101
www.rarewhisky101.com
Whiskyempfehlungen für die Industrie und ein Standardindex für ein Investment in Whisky.

Scotch Whisky
www.scotchwhisky.com
Betreibt *Whiskypedia*, einen kenntnisreichen Online-Führer durch die Welt des Scotch Whisky.

INDEX

A
Aberfeldy 80
Abfüller, unabhängige 118
Abhainn Dearg 90
Adelphi Distillery 118
Akuto, Ichiro 104
ALC 14
Alchemisten 22 f.
Alembics 14, 16, 22, 24
Alkoholgehalt 20
Altersangabe 114, 148
American Whiskey 36, 50, 66
Analyser 48, 60
Ardbeg 88, 132, 145, 148
Ardmore 78
Aroma 146
   Aromarad 9, 136, 146
Arran 90
Auchentoshan 82

B
Balblair 74
Ballantine, George 30
Banff 78
Begnoni, Giuseppe 132
Belgien 110
Bell, Arthur 30, 116
Benromach 86
Bladnoch 82
Blair Athol 80
Blair Castle 114
Bläschentest 14, 20
Blended Whisk(e)ys 14, 28, 30, 50
Blending 66
Blending-Betriebe 30, 116
Bloomenthal, Cellier 60
Bourbon 14, 18, 39, 62, 98
Bowmore 88
Boyle, Robert 20
Bronfman, Samuel 42, 66, 102
Brora 74, 132
Bruichladdich 72, 88, 148

C
Canadian Whisky 18, 42, 50, 66, 102
Caol Ila 88
Capone, Al 40
China 110
Clarke, John 20
Clynelish 74
Coffey Still 28, 30, 60
Column Still 28
Congeners 94
Continuous Still 15, 18, 60
Cor, Friar John 16
Craig, Elijah 98
Crockett, Barry 95
Cumming, Elizabeth 85

D
Daftmill 82
Dalmore 74
Dalmore Paterson Collection 64, 65
Dalwhinnie 80
Dänemark 110
Davidson, Raymond 136, 142
Deanston 80
Deutschland 110
Deveron 78
Dewar, John 30, 116
Dickel, George 100
Drambuie 138
Dreifache Destillation 71, 82

E
Eaton, Alfred 100
Edradour 80
Entwicklung 136, 142
Espey, James 120
Essen 150

F
Fachhändler 128
Fässer 62
Fassstärke 114
Feints 48, 58
Festivals 152
Fillings 94
Finnland 110
Foreshots 48, 58
Fraktion 48
Frankreich 110
Fuselöle 94

G
Gärung 56
Gerste 50, 52
Giaccone, Edoardo 128
Gladstone, William Ewart 66
Glencairn-Glas 136
GlenDronach 78
Glenfiddich 84, 85, 86
Glen Garioch 78
Glengoyne 76
Glenkinchie 82
Glenlivet 86
Glenmorangie 74, 144, 145, 148
Glen Moray 145
Glenturret 80
Glenugie 78
Gloag, Matthew 30, 116
Gold Cock Distillery 110
Gordon, Alexander, 4th Duke of 32
Grant, William 84 f.
Green Malt 48, 52
Grist 48, 52, 54
Grundgeschmacksarten 136

H
Hakushu 104
Hall, John K. 102
Hanyu-Kartenserie 94, 104
Hanyu 44
Hatch, Harry 42
Hendriksen, Wilhelm 36
Herzstück 48
Hibiki 104
Highball 136, 138
Highland Park 90
Hiram Walker & Sons 38, 39, 42
Hydrometer 15, 20

I
Indischer Whisky 50, 108
Investieren in Whisky 132
Irish Whiskey 16, 18, 34, 50, 66, 96, 116

J
Jack Daniels 50, 100
Japanischer Whisky 18, 44, 50, 66, 94–5, 104
Johnnie Walker 30, 50, 128, 148
Jura 90

K
Karuizawa 44
Kavalan 108
Keepers of the Quaich 114, 120
Kentucky Bourbon Festival 95, 98, 152
Kieft, William 36
Kilchoman 88
Kildalton Malts 70, 88
Knockdhu 78
Kohlefiltration 94, 100
Küferei 94
Kühlfiltration 115
Küstennahe Einflüsse 70

L
Lagavulin 88, 132
Lagerung von Whisky 132, 140
La Maison du Whisky 115, 128
Laphroaig 88, 132
Läuterbottich 48, 54
Ledaig 90
Lincoln County Process
   siehe Kohlefiltration
Low Wines 48, 58
Lumsden, Bill 144 f.

M
MacGrannell, Risteard 34
Mackmyra 110
Maischbottich 49
Maischen 54

Maker's Mark 38, 39, 98
Mälzen 52
Manhattan 136, 138
Märkte, Boom & Krisen 122
McHardy, Frank 76
Mint Julep 136, 138
Miyagikyo 104
Mundgefühl 49, 137, 142

N
NAS-Sorten 115
Nation, Carrie 40
Niederlande 110, 152
New Make 95
Nasengefühl 137, 142

O
Old Pultney 74

P
Paterson, Richard 64–5, 142
% vol., Alkoholgehalt in 15, 20
Pot Still 15, 18, 24, 58
Prohibition 29, 40, 42
Proof 15
Pure Pot Still Whisky 18, 29

Q
Quaich 115, 120

R
Rack / Re-rack 95
Rectifier 49, 60
Reifung 62
    Mizunara-Reifung 95, 104
Relative Dichte 15, 20
Rhazes 22, 23
Rickhaus 49
Ritchie, John 98
Rob Roy 137, 138
Roellinger, Olivier 150
Rohstoffe 50
Roosevelt, Franklin D. 40
Rosebank 82, 132
Ross, Colin 76
Royal Lochnagar 80

Rusty Nail 137, 138
Russland 110
Rye Whisky 15, 18, 42, 62, 102

S
Samuels, Bill 38–39, 98
Samuels, Robert 39
Sazerac 137, 138
Scapa 90
Schießpulvertest 15, 20
Schlempe 28, 54
Schlieren 136, 142
Schmuggel 32, 40
Schwarzbrennerei 70
Schweden 110
Schweiz 110
Scot, Michael 22, 23
Scotch Malt Whisky Society 124
Scotch Whisky 16, 18, 30, 32,
    50, 66
Schottische Regionen
    Andere Inseln 90
    Central Highlands 80
    East Highlands 78
    Islay 88
    Lowlands 82
    North Highlands 74
    Speyside 78, 86
    West Highlands 76
Scott, Colin 116
Scott, Sir Walter 80
Seagram, Joseph 116
Servieren von Whisky 140
Sikes, Batholomew 20
Singh, Sukhinder 126–7, 128
Single Grain Whisky 15, 18
Single Malt Whisky 15, 18, 30
Smith, George 86
Sour Mash 49
Spanien 110
Springbank 72, 76
St. Magdalene 82
Stein, Robert 60
Stewart, David 116
Stille Brennereien 115, 132
Straight Whisky 29, 36, 50
Swan, Dr. Jim 146

T
Taiwan 74, 108, 124, 152
Taketsuru, Masataka
    44, 95, 106 f.
Talisker 90
Tasmanien 108
Verkostung von Whisky 142
Teacher, William 30
Teaninich 74
Tekel Whisky 110
Tennessee Whiskey 18, 100
Terroir 71, 72
The Whisky Exchange (TWE)
    126, 127, 128
Tobermory 90
Tomatin 74
Torii, Shinjiro 44, 104, 107
Tulbardine 80

U
Usher, Andrew 30

V
Vatting 115
Verbrauchssteuer 28, 30, 32
Vertikales Tasting 115
Vidiz, Claive 132
Villa Nova, Arnoldus de 22, 24
Vintage 114
Viskosimetrie 137, 142

W
Walker, Alexander 116
Walker, Bill 16
Walker, Hiram 42, 66, 116
Wash 56, 60
Wash Still 49, 58, 70
Washback 49, 56
Washington, George 18
Wein-Finishing 115
Whisky sammeln 130
Wiser, J.P. 42, 116
Worm Tub 95, 104
Würze 29, 54

Y
Yamazaki 104, 106, 107
Yoichi 104, 107

Z
Zagatti, Valentino 130

DANKSAGUNG

Der Verlag bedankt sich bei den folgenden Personen und Organisationen für ihre freundliche Erlaubnis, die Bilder in diesem Buch zu reproduzieren. Es wurden alle Anstrengungen unternommen, um die Rechte zur Reproduktion der Bilder einzuholen; wir entschuldigen uns für den Fall, dass es hier zu irgendwelchen unbeabsichtigten Unterlassungen gekommen sein sollte. Sofern nicht anders angegeben, stammen alle Bilder von Shutterstock oder ClipArt.com.

Adelphi Distillery: 119C. **Alamy**: 916 Sammlung: 33TR; Chris James: 131TL; Doug Houghton SCO: 75T; DV Oenology: 131BSR; Gary Doak: 133SL; Granger Historical Picture Archive: 31C; Heritage Image Partnership Ltd: 117TL; John Peter Photography: 87C; Lordprice Collection: 35B, 35C, 35CR, 35T; Scottish Viewpoint: 77BL; travelib: 31BR; Universal Images Group North America LLC / DeAgostini: 77C, 126, 133FR, 131BSL. **Andy Simpson**: 131FL; 131FR; 131TR. **Asahi Beer**: 106. **Ben Nuttall (via Flickr)**: 83TC. **Beam Suntory**: 38; 99BL. **Bladnoch Distillery**: 83BL. **British Library**: 33TC; 79C. **Bridgeman Images**: 33C. **Brown-Forman Corporation**: GlenDronach-Bilder mit freundlicher Genehmigung von The BenRiach Distillery Company Limited. GLENDRONACH ist ein registriertes Warenzeichen von The BenRiach Distillery Limited: 79T, 79B, 79FL, 79FR, 149; Jack-Daniel's-Abbildungen mit freundlicher Genehmigung von Jack Daniel's Properties, Inc. JACK DANIEL'S ist ein registriertes Warenzeichen von Jack Daniel's Properties, Inc.: 19FL, 101BL; Woodford-Reserve-Abbildungen mit freundlicher Genehmigung von Brown-Forman Corporation. Woodford Reserve ist ein registriertes Warenzeichen von Brown-Forman Corporation: 99TR. **Charles MacLean** (*Whisky Magazine*): 9. **Diageo**: 19SR; 75BR; 81BC. **Dominic Lockyer (via Flickr)**: 97TL. **Getty Images**: De Agostini Picture Library: 57CFR; Jeff J. Mitchell: 133TCL, 133TCR; Mike Clarke: 133TC; Science & Society Picture Library: 31TR, 35C, 117TCL; Tim Graham: 57BFR, 91CR. **Glenmorangie**: 75C. **Glenora Distillers**: 103SL. **Heaven Hill**: 99TL. **Hood River Distillers**: 103FR. **Ian MacLeod Distillers**: 77T. **iStock**: 77CFR; 81BC; 81CL; 89C. **John Distilleries**: 109BR. **Lark Distillery**: 109BL; 109R. **Library of Congress, Washington DC**: 37C; 41TC; 41BL; 41BR; 43C (Warenhaus-Hintergrund); 45BC; 45C; 77C; 101TC; 101C; 103C; 105CR. **Library and Archives Canada**: 43B. **National Library of Ireland**: 63B. **Nigab Pressbuilder (via Flickr)**: 97TC. **Number One Drinks Company**: 45CL; 45CT; 45CR; 105TL; 105BL–R; 105C. **The Keepers of the Quaich**: 121C, 121B. **The Scotch Malt Whisky Society**: 125T; 125CR. **Svensk Whisky AB**: 111C. **The Whisky Exchange**: 129C (window display). **Topfoto**: Mike Wilkinson: 64. **Valerie Hinojosa (via Flickr)**: 57BC. **Wellcome Library, London**: 21TC; 21C; 22; 22; 25C; 25T; 25B; 103TL. **Whyte & Mackay**: 75BL. **Wikimedia Commons**: Rvalette: 22SR; Brian Stansberry: 101TL. **William Grant & Sons**: 84. **William Murphy (via Flickr)**: 97CR. **Stephen Yeargin (via Flickr)**: 101BC.

Unser Dank gilt auch den folgenden Unternehmen für die Erlaubnis, ihre Marken zu nennen:

Amrut Distilleries: 109TL. **Ardbeg Distillery**: 89L. **Asahi Beer**: Nikka Whisky: 19FR. **Beam Suntory**: Ardmore: 79B; Auchentoshan: 83BR; Bowmore: 89R, 131FR; Canadian Club: 103SR; Glen Garioch: 79B; Hiram Walker & Sons: 43C; Jim Beam: 99BR; Laphroaig: 89C; Maker's Mark: 99C. **Bladnoch Distillery**: 83TR. **Burn Stewart Distillers**: Deanston: 81TL, 81BL. **Chivas Brothers**: Green Spot: 97TR; Redbreast: 19C; The Glenlivet: 31BC, 31BR, 87T & BL, 117TR. **Diageo**: Bell's: 117TL; Clynelish: 75BR; Crown Royal: 19SL, 103FL; George Dickel: 101TC; Johnnie Walker: 19SR, 31TR, 117TL; Oban: 77BC; Talisker: 91TR, 91BR. **Gordon & MacPhail**: 131BCL, 133BL. **Signatory Vintage Scotch Whisky Co. Ltd.**: Edradour: 81BR. **Springbank Whisky**: 77C; 77BR; 131TL; 133TCL. **Teeling Whiskey**: 97TL. **Whyte & Mackay**: Jura: 91C (x2). **William Grant & Sons**: Balvenie: 87BC; Glenfiddich: 87BR, 133TCR; Tullamore Dew: 97TC.